Bauwelt Fundamente 90

Herausgegeben von
Ulrich Conrads und Peter Neitzke

Beirat:
Gerd Albers
Hansmartin Bruckmann
Lucius Burckhardt
Gerhard Fehl
Herbert Hübner
Julius Posener
Thomas Sieverts

Gert Kähler (Hrsg.)

Dekonstruktion?
Dekonstruktivismus?

Aufbruch ins Chaos oder neues Bild der Welt?

Friedr. Vieweg & Sohn   Braunschweig/Wiesbaden

Erste Umschlagseite: Bernhard Tschumi, Paris, Parc de la Villette
Vierte Umschlagseite: Massimiliano Fuksas, Sporthalle Paliano (Italien)

Der Verlag Vieweg ist ein Unternehmen der Verlagsgruppe Bertelsmann International.

Alle Rechte vorbehalten
© Friedr. Vieweg & Sohn Verlagsgesellschaft mbH, Braunschweig 1990
Umschlagentwurf: Helmut Lortz
Satz: Satzstudio Frohberg, Freigericht
Druck und buchbinderische Verarbeitung: Lengericher Handelsdruckerei, Lengerich
Printed in Germany

ISBN 3-528-08790-0   ISSN 0522-5094

Inhalt

Teil I

Gert Kähler
Vorwort 7

Gert Kähler
„Schokolade ja; aber Edelbitter."
Dekonstruktivismus, Maschine und Utopie 13

Michael Müller
Destruktion und Dekonstruktion.
Traditionslinien der Avantgarde 38

Adolf Max Vogt
Mit Dekonstruktion gegen Dekonstruktion 50

Peter Bürger
Dekonstruktion und Architektur 79

Teil II

Günter Behnisch
Dekonstruktivismus? 93

Coop Himmelblau
Das Fassen von Architektur in Worte 105

Peter Eisenman
Zum Forschungsinstitut der Carnegie Mellon Universität und
dem Verwaltungsgebäude der Oxford Development Company ... 110

Massimiliano Fuksas
Projekt Friedhof Cività Castellana 117

Massimiliano Fuksas
Umbau des Gemeindehauses in Cassino: 3. Projekt 1985 120

Rem Koolhaas
Die Illusion der Architektur 124

Bernard Tschumi
Texte und Projekte 132

Peter Wilson
Forum des Sandes 145

Vorwort

Gert Kähler

Ein Bauwelt-Fundament über die Architektur des Dekonstruktivismus? Ein Widerspruch in sich! Nicht nur, weil diese neue Richtung in der gegenwärtigen Architekturszene alle althergebrachten Werte buchstäblich auf den Kopf zu stellen scheint, sondern auch, weil die Beiträge dieses Bandes nicht den Anspruch erheben, ein „tragendes Fundament" für die abschließende Einordnung in eine aus Schubladen bestehende Baugeschichte liefern zu wollen; dazu sind die Autoren viel zu neugierig – neugierig auf die Weiterentwicklung einer Architektur, die Anstöße aus der Geschichte aufnimmt, bewußt oder zufällig, und diese in eine heutige Welt stellt: eine Interpretation von Geschichte, auch wenn ihre Architekten das nicht beabsichtigen.
Dabei soll nicht außer Acht gelassen werden, daß die gegenwärtige Diskussion über den Dekonstruktivismus etwas mit Medien und Moden zu tun hat. Nachdem 1986, mit den beiden Bauten der Lloyd's Versicherung in London (R. Rogers & Partner) und der Hongkong & Shanghai Bank in Hongkong (N. Foster Ass.) die High-Tech-Architektur in aller Munde (und in allen Zeitschriften) war, mußte etwas Neues für ein stets aufnahmebereites Publikum gefunden werden. Der Dekonstruktivismus bot sich an, da er das Gegenteil des Vorhergehenden zu sein schien: statt schimmernder Konstruktion und perfekten Details nun schiefe Stützen, billiges Wellblech und Anschlüsse als Zufallsprodukt. Hinzu kam die philosophische Absicherung dieser Architektur durch Schriften insbesondere Jacques Derridas, die den Hauch einer „Architektur als Interpretation von Welt" zu verleihen schienen.
So weit der Dekonstruktivismus als Medienspektakel, das noch immer im Gange ist (dieses Buch ist ein Teil davon). Zur Beschreibung des Phänomens selbst taugt es wenig. Denn Architekten wie COOP Himmelblau arbeiten seit nunmehr 20 Jahren an dem Thema, das eigene Haus von Frank Gehry, eine der Inkunabeln dieser Richtung, ist zehn Jahre alt, und selbst der spektakuläre Wettbewerb um die Bebauung des Peak in Hongkong, mit dem Zaha Hadid weltweit bekannt wurde, liegt bereits sieben Jahre zurück.
Insofern kann eine vom Wechsel der Moden und Strömungen abhängige Medienlandschaft dem Phänomen keineswegs gerecht werden; die suggerierte „Ablösung der Postmoderne durch den Dekonstruktivis-

mus" fand und findet nicht statt, schon deshalb nicht, weil dem ein völlig unzureichendes Verständnis der Postmoderne zugrunde liegt, das diese nur als „Stil" begreift.
Wolfgang Welsch hat in einer vorzüglichen Sammlung von Quellentexten zur Postmoderne das grundlegend Neue einer „postmodernen" Gesellschaft gegenüber einer „modernen" belegt. In seinem Vorwort geht er auf den entscheidenden Unterschied zwischen beiden ein: Die Moderne habe grundsätzlich eine *Einheit* zum Ziel gehabt (in der Architektur seit der Aufklärung bestand sie in der Suche nach dem einen, verbindlichen Stil), während die Postmoderne nicht nur die Unmöglichkeit des einen Ganzen konstatiere, sondern dieses ausdrücklich als die *Chance von Vielfalt* begrüße: „Die Ablehnung der Einheit hat massive Gründe. Nicht eine Vorliebe oder ein modisches Faible für Differenz und Pluralität liegen zugrunde, sondern die Einsicht in das irreduzible Eigenrecht und die Unüberschreitbarkeit des Vielen haben eine neue Gesamtkonzeption nötig gemacht. Parallel dazu ist die Misere des Ganzen durchschaubar geworden. Konventionell pflegte man angesichts von Defiziten einer an Ganzheitsidealen orientierten Realität zu sagen, es sei eben nicht ganz gelungen, diese Idee zu realisieren oder ihren umfassenden Anspruch einzulösen. Das liege an unserer — leider immer wieder hinderlichen — Endlichkeit. Die postmoderne Reflexion sieht das gerade umgekehrt: Die Einlösung der Idee, deren vollendete Realisation brächte das vollendete Desaster. Das Nichtgelingen ist unser Glück. Denn die Heilsvorstellungen, die auf Ganzheit zielen, sind in Wahrheit Unheilsvorstellungen. In ihrer Einlösung münden sie nicht wegen irgendeines Umschlags ins Gegenteil, sondern weil ihr wahres Gesicht offenbar wird. Endlichkeit ist nicht unsere Behinderung, sondern unsere Rettung und Chance. Das manifeste Ganze, die realisierte kosmische Heilsvision wäre gleichbedeutend mit Exitus und Totenstarre."[1]
Wenn unsere soziokulturelle Situation damit zutreffend beschrieben ist — wovon ich überzeugt bin —, dann ist der Dekonstruktivismus eine Architekturströmung neben anderen, nicht die heutige Erscheinungsform von Architektur in einem dezisionistischen Ablauf einander folgender „Stile".
Das beantwortet jedoch nicht die Frage, warum gerade heute (wieder) eine Architektur in den Mittelpunkt gerät, die das Unvollkommene, scheinbar Ungeordnete, den sichtbar gemachten Bruch, auch: das Häßliche ästhetisiert. Zwei mögliche Antworten darauf lassen sich finden.
Bei der einen wird die dekonstruktivistische Architektur als etwas interpretiert, das „die Welt widerspiegelt". Der Zustand der Welt, der

Zustand unserer Gesellschaften wird als chaotisch, widersprüchlich, „häßlich" gesehen und in Architektur abgebildet. Auch die zweite Antwort geht vom Zustand unserer Gesellschaft aus, interpretiert diese jedoch als dekadent, als sich in einer Endphase befindend: Dekonstruktivistische Architektur wäre dann (ähnlich wie die verschiedenen Manierismen der Architekturgeschichte) ebenfalls Produkt einer Endzeit: maniriert, übersättigt, nur noch das Häßliche als Stimulans akzeptierend.

Der Grund dafür, warum diese Ästhetik so viele Kontroversen provoziert, dürfte gerade in der Provokation liegen, die mit diesen Antworten verbunden ist.

Ein grundsätzliches Problem der dekonstruktivistischen Architektur liegt jedoch noch auf einem anderen Gebiet: Diese Architektur — vor allem jedoch die Bernard Tschumis — ist ins Blickfeld der Philosophen geraten. Daß ein Jacques Derrida über Tschumi geschrieben hat (der Derridas Kommentare aufgreift und verarbeitet), gibt der Architektur den Glanz höherer Weihe, verleiht ihr — insbesondere in den Augen der Architekten — einen Hauch von Seriosität (um nicht zu sagen: Göttlichkeit), den die Architekten in ihren Korsetts aus Termin-, Kosten- und Funktionsplänen in der Regel entbehren müssen: endlich eine Architektur, die ein kaum zu kritisierendes (weil nur schwer zu verstehendes) Fundament aus Welt-Anspruch bietet.

Dabei wird ein Aspekt jedoch aus den Augen verloren, der gerade die Qualität jeder Architektur gegenüber der philosophischen Reflexion ausmacht, den nämlich, daß die fertiggestellten Gebäude der Architekten begangen, befühlt, erfahren werden können.

Zwangsläufig ist auch dieses Buch ein Beitrag zur theoretischen Einordnung von Architektur. Es kann nicht die haptisch-sinnliche Erfahrung dieser (und aller) Bauten ersetzen; es soll es auch nicht. Das Hysolar-Institut von Behnisch in Stuttgart: eine kleine, fetzige Collage an einem Ort, der keine Vorgaben gibt und die Trostlosigkeit eines Studentengettos besitzt; der Umbau eines Wohnhauses für eigene Zwecke von Frank Gehry in Los Angeles: eine Fußnote in einer Stadt, die das Auffällige zur Maxime macht; der Volkspark La Villette in Paris von Bernard Tschumi: eine riesige Landschaft, die durch rote „Punkte" strukturiert wird — um das zu erleben, braucht es keine theoretischen Grundlagen. Die Architektur ist einfach da.

Dieses Buch hat zwei Ziele, die in seinen zwei Teilen zum Ausdruck kommen. Zum einen soll die dekonstruktivistische Architektur von unterschiedlichen Seiten her theoretisch reflektiert werden. Die Unter-

schiedlichkeit der Autoren und ihrer Herkunft war wichtiger Bestandteil ihrer Auswahl: Kunsthistoriker, Kritiker, Literaturwissenschaftler sollten aus ihrer Sicht Beiträge zu einem Verständnis des Dekonstruktivismus liefern, bis hin zur Aufdeckung ähnlich maß-loser, maß-verstörender Denkweisen in der französischen Revolutionsarchitektur, die zu ganz anderen formalen Ergebnissen gelangt.
Im zweiten Teil kommen einige der wichtigsten Architekten zu Wort, die mit dem Dekonstruktivismus in Verbindung gebracht werden. Die Formulierung ist nicht zufällig gewählt; denn ähnlich wie bei anderen Zuordnungen findet auch diese selten Beifall bei den betroffenen Architekten selbst, und die formalen Unterschiede bei den einzelnen Architekten sind ohnehin evident. Kriterium der Auswahl war auch hier wieder, die Unterschiedlichkeit der verschiedenen Entwurfs- und Denkansätze deutlich werden zu lassen. Günther Behnisch sieht seine „dekonstruktivistische" Architektur als logische Weiterentwicklung einer jahrelangen Auseinandersetzung mit der Technik als Gestaltungselement, Peter Wilson interpretiert seinen Entwurf für Berlin als poetische Collage von Vorgefundenem, Rem Koolhaas sieht seine Architektur als „Gestaltung des Zerfalls der Städte", und Peter Eisenman bemüht mathematische Operationen zur Formfindung. Daß dabei keine „Theorie des Dekonstruktivismus" entstehen kann, ist Absicht, die Diskussion geht weiter.

Anmerkung

1 W. Welsch, Einleitung zu: ders. (Hrsg.): Wege aus der Moderne. Weinheim 1988, S. 16.

Teil I

„Schokolade ja; aber Edelbitter."
Dekonstruktivismus, Maschine und Utopie

Gert Kähler

1.

„Schönheit heute hat kein anderes Maß als die Tiefe, in der die Gebilde die Widersprüche austragen, die sie durchfurchen und die sie bewältigen einzig, indem sie ihnen folgen, nicht, indem sie sie verdecken."[1]
– Hat Theodor W. Adorno die dekonstruktivistische Architektur vorausgeahnt? Denn das Übergreifende dieser Bauten und Projekte ist doch zunächst: das Un-Harmonische, der unvermittelte Zusammenstoß von Materialien, Richtungen, Räumen; ist die Härte und Kompromißlosigkeit, mit der Gegensätze aufeinander losgelassen werden. Für das Entstehen von „Schönheit heute" im Adornoschen Sinne ist das jedoch noch nicht ausreichend, sondern es muß die „Tiefe" hinzukommen, und das „Austragen der Widersprüche" – das Nur-Gegeneinander reicht offenkundig nicht aus.
Daran soll im folgenden der architektonische Dekonstruktivismus gemessen werden. Die unterschiedlichen Aspekte werden in den einzelnen Beiträgen dieses Buches behandelt. Sie machen die unterschiedliche Herkunft der noch ziemlich jungen Strömung deutlich, nämlich aus der philosophischen Gedankenwelt eines Derrida (wie bei Bernard Tschumi) oder aus dem historischen Fundus des sowjetischen Konstruktivismus (wie bei Zaha Hadid).
Allein diese unterschiedlichen Quellen machen das Dilemma des Theoretikers deutlich, der sich dem Thema nähern will: die Unmöglichkeit, die Entwurfsansätze unterschiedlicher (und sich nicht einmal als Gruppe verstehender) Architekten über einen kritischen Kamm zu scheren.
Daher wird hier ein anderer Zugang gesucht, nämlich der über die Bauwerke oder – meistens – Projekte. Aus ihnen, ihren übereinstimmenden Erscheinungsformen werden Schlüsse gezogen, ihr Ausdruck wird interpretiert. Der je andere Entwurfsansatz wird außer Acht gelassen, wo die konkrete bauliche Existenz (oder deren Bild) zugrunde gelegt wird.
Das alles andere überragende ästhetische Moment der Architektur des Dekonstruktivismus ist das Schräge. Das meint zunächst ganz buch-

stäblich die Auflösung der traditionellen statischen Verhältnisse und Werte der Architektur, wie sie bisher unumstritten waren (auf die historischen Ausnahmen wird noch einzugehen sein). Selbst das „gelandete Raumschiff" (H. Sedlmayr) einer Villa Savoye vertraute noch dem rechten Winkel des Stabilen; die Loslösung vom Boden fand auf ordentlichen, senkrechten Stützen statt. Die Architektur der Dekonstruktion hingegen scheint das Ergebnis von Explosionszeichnungen zu sein, wie sie Zaha Hadid anfertigt: „Häuser können fliegen" (Z. Hadid). Schräge Wände, unangepaßte Stützen, Diagonalen durch den Raum, Öffnungen, deren Begrenzungen einem Zufallsprinzip zu unterliegen scheinen — das sind wesentliche Merkmale dekonstruktiver Architektur (und diese allein zeigen zugleich das Unangepaßte dieser Bauten).

Das „Schräge" meint nicht nur die tatsächliche Verachtung des rechten Winkels und des Lots, sondern auch den übergeordneten Sinn des Wortes: der „schräge Vogel", der flippig, verstörend, „aus dem Rahmen fallend" dasteht — Außenseiter aus Überzeugung. Und noch einen Schritt weiter ist auch das Selbstzerstörerische des Außenseiters gemeint, das in der Assoziation zur „Destruktion" enthalten ist: Zerstörung, Negation traditioneller Werte. Diese neue Avantgarde will Moderne wie Postmoderne stürzen und aus den Trümmern etwas Neues entstehen lassen — oder besser: die Trümmer liegen lassen und zum Neuen erklären. Allerdings kann sie das, wenn sie nicht Projekt bleiben will, nur mit den Mitteln der traditionellen Architektur. Die fliegenden Häuser einer Zaha Hadid werden vom Statiker — welch ein Wort in diesem Zusammenhang! — berechnet, die „Stadtkante" eines Daniel Libeskind wird sorgsam mit einem Widerlager versehen, um schräg aufragen zu können: Architektur kann nur Gleich-Gewicht sein, und jeder weiß es.

Das zweite übergreifende Merkmal der neuen Ästhetik ist die Verbindung zum Technisch-Maschinenhaften. Schräg — das waren auch die Self-made-Houses der späten sechziger Jahre in den USA, die aus gefundenen Materialien ihre Räume bildeten. Dort aber wurde die neue Heimat in Holz und sogenannten „warmen" Materialien zusammengesetzt. Heute sind an die Stelle von Brettern und Nägeln Schweißbrenner und Trennscheibe getreten (wenn auch, und darin liegt eine Übereinstimmung, viele Details nicht mehr gezeichnet, sondern auf der Baustelle entwickelt werden). Aber nicht „Wärme", nicht „Natürlichkeit" ist heute gefragt; Härte und Kompromißlosigkeit, die „Architektur des von der Lenksäule durchbrochenen Brustkorbs" (COOP Himmelblau) werden zu gebauten Metaphern.

Die Verfremdung, die in der absoluten Künstlichkeit dieser Bauten liegt (eine Künstlichkeit, die in jedem Bau enthalten ist, die diese aber zum ästhetischen Thema machen), führt gleichzeitig zu ihrem autoritären, elitären Charakter, wie Charles Jencks ihn feststellt: Die Architekten erzeugen „das Äußerste an individuellem Symbolismus, bei dem einzig der Autor die Befugnis besitzt, uns zu sagen, was er bedeutet. Dieser ultrapoetische Gebrauch von Sprache ist de facto privat und von daher autoritär; vollgültige architektonische Sprache muß per definitionem zugänglicher sein."[2]

Bei aller gezeigten Spontaneität sind die Bauten in ihrer Fremdheit hermetisch abgeschlossen.

2.

Nun ist der Ausdruck von Technizität keine besonders originelle architektonische Komponente; sie kann zu verschiedenen Zeiten des 19. und 20. Jahrhunderts als ästhetisches Problem festgestellt werden. Damit ist nicht die platte Darstellung einer Konstruktion gemeint, das „Wie bin ich gemacht?". Das zeigen die Großtafelbauten der sechziger und siebziger Jahre in vollkommener Form. Bei den Bauten des Dekonstruktivismus ist es nicht die Frage nach der Konstruktion, die gestellt wird, sondern die allgemeinere nach der Technik und der Stellung zu ihr — das ist die viel interessantere. Behnischs Hysolar-Institut in Stuttgart oder Tschumis „Follies" im Parc La Villette sind die besten Beispiele dafür.

Die Frage nach dem Ausdruck der Bauten zu beantworten, heißt, die nach der Bedeutung von Technik, von Maschine in dieser Architektur zu stellen. Dazu gibt es historische Vorbilder, die bei einer Betrachtung des Dekonstruktivismus nicht außer Acht gelassen werden dürfen, weil — gleich, was der Architekt zu seinen Vorbildern sagt — die Bilder jener Architekturen in das kollektive Bewußtsein eingegangen sind und damit die Betrachtung der heutigen beeinflussen.

Das nächstliegende Beispiel ist das, welches im Begriff des Dekonstruktivistischen bereits anklingt; die formalen Parallelen sind ohnehin kaum zu übersehen. Dekonstruktivismus — das behauptet vordergründig die Antithese zum sowjetischen Konstruktivismus der zwanziger Jahre. Wenn aber dieser in Verwendung und pathetischer Übersteigerung technisch-maschineller Mittel die Utopie einer Welt beschwor, die eine neue, gerechtere Ordnung der Freien und Gleichen mit Hilfe der Maschine aufrichten sollte; wenn im Abstand zwischen den tatsächlichen technischen Möglichkeiten eines rückständigen Agrarstaates und den technoiden Visionen der Architekten etwas von der Hoffnung, der beinahe verzweifelt insistierenden Beschwörung dieser neuen Welt sichtbar wurde; wenn das für den sowjetischen Konstruktivismus zutrifft, dann wäre der Dekonstruktivismus die erklärte Absage an diese Vision einer rationalen Welt, die gesellschaftlichen Fortschritt mit technischem gleichsetzte.

Dagegen ist nach den Erfahrungen dieses Jahrhunderts mit der Technik und der Bedrohung, die heute von ihr ausgeht, kaum etwas einzuwenden; aber das ist nicht das eigentliche Thema. Es geht vielmehr um die Frage, ob Architektur überhaupt in der Lage ist, solche Inhalte zu vermitteln (beiläufig sei allerdings noch ergänzt, daß die Aufhebung der Bedrohung unserer Umwelt und unserer selbst nicht durch Abschaffung der Technik, sondern nur durch anderen Gebrauch möglich ist; nicht die Technik ist das Problem, sondern der Mensch).

Die Interpretation des Begriffes „Dekonstruktivismus" als Gegenstück zum Konstruktivismus ist aus der Kenntnis des historischen Bezugspunktes in der UdSSR hergeleitet, den die heutige Architektur zu negieren scheint. Sie läßt sich bei näherer Betrachtung der Projekte – der sowjetischen der zwanziger Jahre wie der heutigen – nicht halten. Im Gegenteil scheinen die Ähnlichkeiten anstatt der Gegensätze zu überwiegen; auf den ersten Blick entpuppt sich das angeblich Zerstörerische als nur eine weitere Umdrehung derselben Schraube: formale Weiterentwicklung, nicht Umkehr – das liegt schon an dem Dilemma (auf das noch einzugehen sein wird), daß Architektur immer Bau, Auf-Bau ist und damit das Gegenteil von de-konstruktiv. Die Bedeutung der neuen Architekturrichtung ist dennoch eine andere als vor sechzig Jahren. Sie muß es sein, weil die Welt eine andere geworden ist. Der Begriff des „Dekonstruktivistischen" ist also nicht im Wortsinne zutreffend; und auch als „Neo-Konstruktivismus" wäre diese neue Architektur nicht richtig begriffen.

Um besser zu verstehen, was jene „Architektur für ein neues Leben" tatsächlich bedeutete, muß man sich, so gut es geht, in jene Situation um 1920 in der UdSSR versetzen: ein riesiges, aber industriell völlig rückständiges, zentralistisch und absolutistisch regiertes Land, ein Agrarstaat, befindet sich am Abgrund einer militärischen Niederlage schlimmsten Ausmaßes, durch einen schnellen Friedensschluß nur mühselig kaschiert. Dieser Staat bricht nach einer Revolution und heftigen Kämpfen im Inneren zusammen, ohne daß die Revolutionäre schon Rezepte für das Neue besessen hätten. Das Land hatte aber über die enge Verbindung nach Westeuropa eine äußerst radikale Gruppe von Künstlern und Intellektuellen, die ihre künstlerische Avantgarde

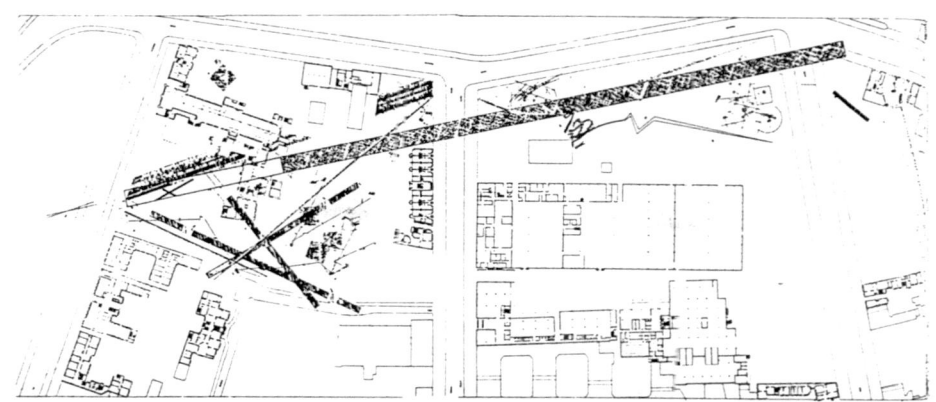

Daniel Libeskind: Stadtkante. Berlin 1987, Lageplan

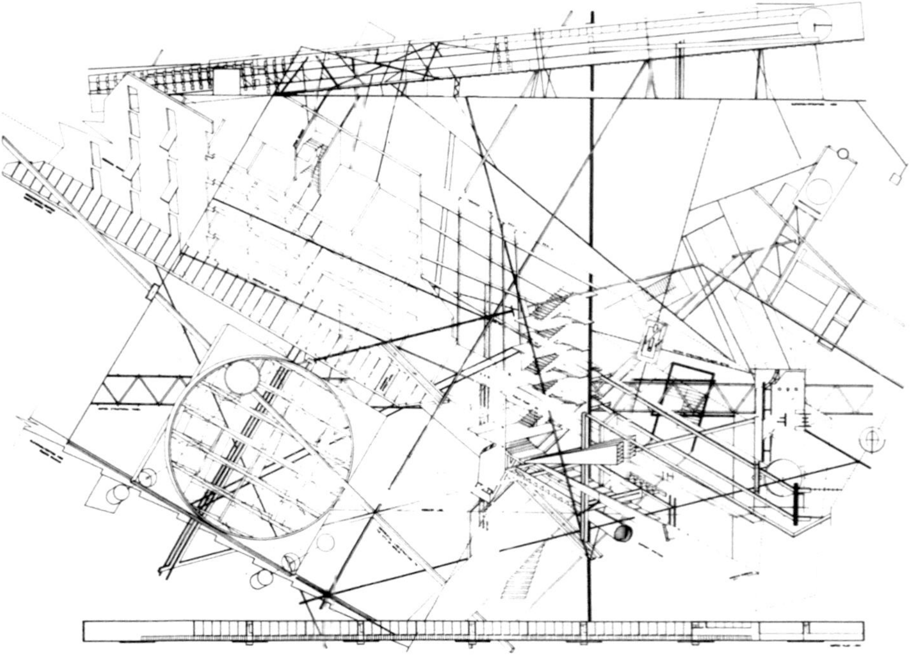

Daniel Libeskind: Stadtkante, Berlin 1987, Schnitte, Axonometrie der Struktur und Verbindungen

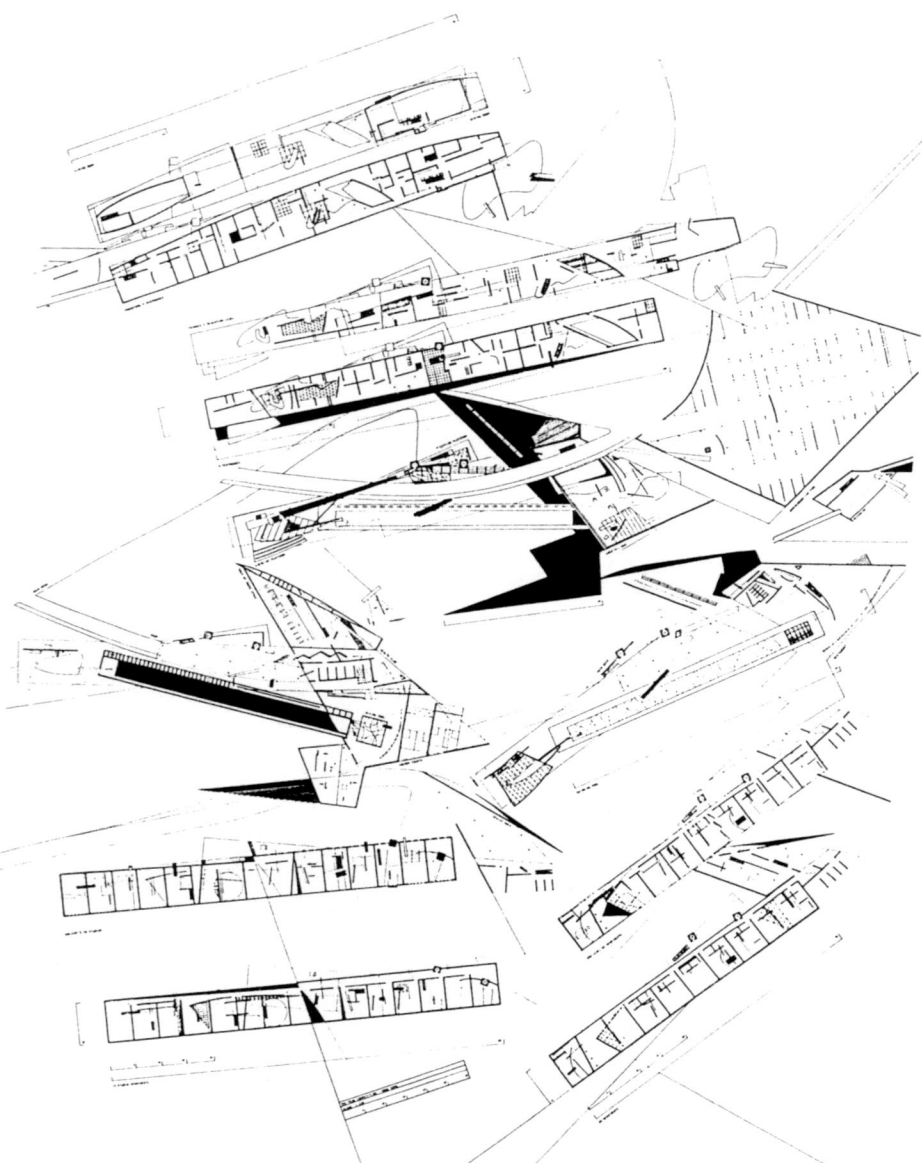

Zaha Hadid: Wettbewerb "The Peak", Hongkong 1982, Gesamtdarstellung der Grundrisse

(die schon vor dem Krieg bestanden hatte) mit der Begeisterung des Aufbaus einer radikal neuen, auf der Gleichheit aller beruhenden Gesellschaft verbanden.
Für die Architekten entstand eine Situation, die der in anderen Ländern völlig entgegengesetzt war: Der schwärmerische Sozialismus der deutschen Architekten der Avantgarde oder die romantische Überzeu- eines unmittelbar bevorstehenden Zeitalters der „Harmonie" bei Le Corbusier fand hier, in der rückständigen, vorwiegend agrarisch strukturierten Sowjetunion einen Ansatz zur Verwirklichung. Die Utopie schien real zu werden und konnte konkret befragt werden: Der Künstler stand in einer völlig neuen Situation nicht der Rebellion *gegen* überkommene Formen und bestehende gesellschaftliche Verhältnisse, sondern im Kampf *für* eine Verwirklichung der Revolution. Die Architekten anderer Länder konnten bei der unvollkommenen Realisierung ihrer Vorstellungen auf die politische Situation verweisen, die dem entgegenstand. In der Sowjetunion war eine Lage geschaffen, die die Realisierung neuer architektonischer Vorstellungen dagegen geradezu zu fordern schien. *Eine* Voraussetzung dafür war die Antiposition zur vorhandenen bürgerlichen Kunst; so heißt es im Produktivistenmanifest von Rodschenko und Stepanowa aus dem Jahre 1920 programmatisch: „a) die Gruppe (der Konstruktivisten; G. K.) tritt für einen unbarmherzigen Kampf gegen die Kunst im allgemeinen ein; b) die Gruppe beweist, daß eine entwicklungsmäßige Überführung von Kunstformen der Vergangenheit in die kommunistischen Formen des konstruktiven Bauens unmöglich ist."[3]
Das drückt in der radikalen Absage an die Kunst und die Architektur der vorrevolutionären Zeit eine gemeinsame Einstellung aus; „die Künstler der ‚Linken' verbrüderten sich ohne Zögern mit der Sache der Kommunisten, in der sie die praktische Verwirklichung ihrer künstlerischen Metapher auf der Stufe der gesamten Gesellschaft zu sehen meinten."[4]
Die Identifikation mit der politischen Revolution erwächst also aus zwei Komponenten, die jedoch untrennbar miteinander verknüpft sind: der Überzeugung von der Notwendigkeit der Änderung der gesellschaftlichen und politischen Verhältnisse *und* dem künstlerischen Neuansatz, der — wenn auch aus praktischen Gründen nicht in der Architektur — sich schon vor der Revolution artikuliert hatte. Die Avantgarde, so Manfredo Tafuri, „identifiziert die eigene ästhetische Auflehnung, die eigenen anarchischen Betrachtungen über die ‚Unwirklichkeit' der bürgerlichen Welt mit der Schaffung einer ‚neuen Welt', in der die Befreiung der Massen jede Angst und jede Entfremdung beseitigen soll"[5].

Die Distanz blieb jedoch zwischen der bürgerlichen Herkunft dieser Avantgarde und den proletarischen Massen, für die gekämpft wurde. Auch das Konzept des „Proletkult" scheiterte letztlich daran, daß nur ein gesellschaftliches, nicht aber ein klassenüberbrückendes, gemeinsames ästhetisches Konzept vorhanden war. Zudem kann die Identifikation zwischen Revolution und Kunst nur solange ungebrochen funktionieren, wie die Diskrepanz zwischen dem revolutionären Anspruch an die neue sozialistische Gesellschaft und der tatsächlichen Situation nicht zu groß wird. Was unmittelbar nach 1917 noch in der Begeisterung des Umschwungs verdeckt wurde, mußte nach der Erfahrung des Kriegskommunismus und den wirtschaftlichen Schwierigkeiten, die mit der Einführung der „Neuen Ökonomischen Politik" 1921 einen gewissen Rückschritt in der revolutionären Entwicklung brachten, zu Identitätsproblemen zwischen Kunst und Revolution führen.

Der Zwiespalt wurde dadurch gelöst, daß der Künstler wieder die alte Funktion als Avantgarde übernahm. Auf die Architektur bezogen hieß das: daß diese wieder als Mittel der *Veränderung* der Gesellschaft betrachtet wird, nicht nur als *Nachvollzug* einer sozialen Umwandlung. Die architektonische Form wird in einem dialektischen Verhältnis *Ausdruck* der neuen Zeit und gleichzeitig Mittel zur Herstellung der neuen Gesellschaft. Die neuen Inhalte und Bauaufgaben werden bewußt als „soziale Kondensatoren" eingesetzt, als architektonische Elemente, die gesellschaftsverändernd wirken sollen.

Dieser Begriff stammt von Anatol Kopp, der die Stadt als Ganzes als den allgemeinen „Kondensator" bezeichnet (und damit die Großstadtbezogenheit der neuen Architektur betont); die anderen, spezifischen sozialen Kondensatoren waren danach die Arbeiterclubs, neue Wohnhaustypen, Theater, Kulturpaläste, Schulen, und, am stärksten, die Fabrik, der Ort der Maschine.

Der Arbeiterpalast der Gebrüder Wesnin als einem der ersten großen Entwürfe nach der Zeit des Kriegskommunismus, während der die Bautätigkeit praktisch vollständig zum Erliegen gekommen war, setzte insofern Maßstäbe, als er bereits vollständig die Ästhetik der konstruktivistischen Architektur formulierte: einfache, steroemetrische Baukörperformen, die aus dem Maschinenbereich stammenden Motive wie die Brücke und die Antennenmasten mit ihren Abspannungskabeln, sowie die Slogans als verbale Applikationen und die sich bewegenden Teile.

Dieses Repertoire war radikal neu; es mußte neu sein, um die Verbindung zur Vergangenheit unmöglich zu machen. Und da die Architek-

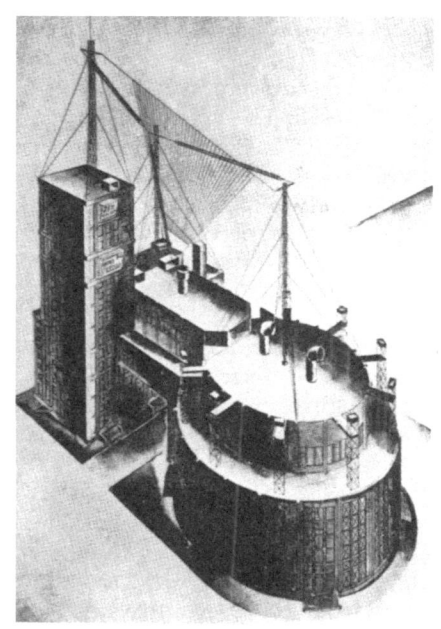

Gebrüder Wesnin: Palast der Arbeit
(Projekt), Moskau 1922/1923

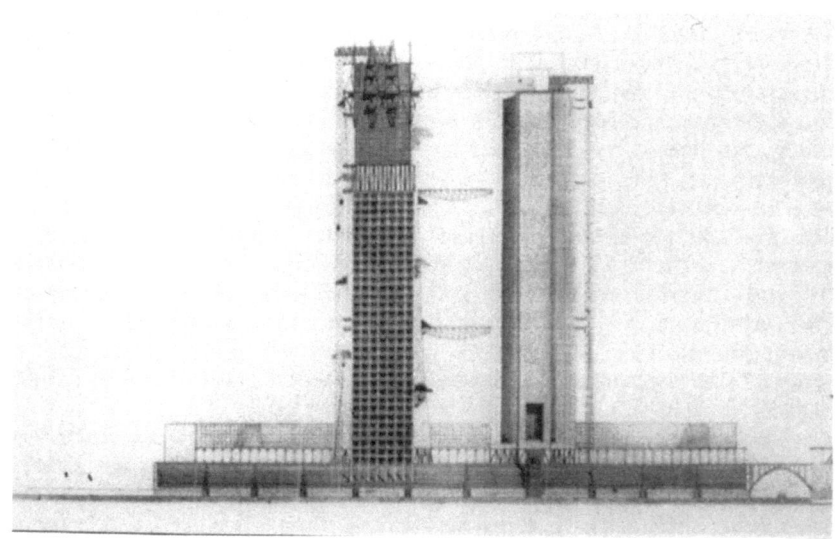

I. Leonidow: Wettbewerb der „Narkomtjashprom", Moskau 1934

tur im Auftrag „einer neuen Gruppe von Auftraggebern" geschaffen wird — „das ist die Masse der Arbeiter"[6] —, muß dieser sie auch, nach dem Verständnis der Architekten, akzeptieren. Lissitzky schreibt 1929: „Diese Arbeitermillionen sind alle ohne Zweifel Anhänger der modernen Architektur."[7] Das jedoch dürfte Wunschdenken gewesen sein. Denn die Diskrepanz zwischen dem weit vorausgreifenden, in Utopien planenden Architekten und den konkreten Bedürfnissen des Volkes, das einfach die Wohnungsnot beseitigt wissen will, blieb ja bestehen. Der einfache Wunsch nach Wohnraum kollidiert mit den Interessen der Architekten, die in erster Linie gesellschaftsverändernd tätig sein wollen.

Insofern stellt die Architektur des sozialistischen Rußlands bis etwa 1932 sich immer noch als utopische dar; der Unterschied zu den Utopien Le Corbusiers oder der anderen Architekten der Avantgarde in Westeuropa reduziert sich auf die unterschiedliche politische Ausgangsposition. Der Konstruktivismus bleibt bestenfalls gesellschaftliche Vorwegnahme.

In seinem Buch über die Parallelen zwischen der Architektur der französischen und der russischen Revolution hat Adolf Max Vogt die Ästhetik der russischen Revolutionsarchitektur analysiert und kommt zu dem Schluß, daß neben der formalen „Tendenz der Geometrisierung", die er als das Motiv des „Kosmismus" deutet — als Versuch, eine „Übereinstimmung mit der „*Natur* selbst, das heißt mit dem *Kosmos*, dem *Weltgebäude*"[8] zu erzielen — das Motiv der Arbeit, umgesetzt in die konstruktivistische Architektur, bei allen Bauaufgaben das wesentliche, formbestimmende Merkmal ist. Aus der marxistischen Theorie, derzufolge „die Selbstverwirklichung des Menschen primär in der Arbeit"[9] gesehen wird, entwickelte die russische Architektur der zwanziger Jahre eine Ästhetik, bei der „in allen nur denkbaren Baugattungen (...) das Leitbild ‚Industriebau' seine Prägekraft erweisen zu wollen"[10] scheine; „ ‚Arbeit' wäre danach für diese Architekturphase nicht nur die *Aufgabe* (im doppelten Sinn: nur durch Arbeit entsteht ein Haus; dieses Haus kann zum Zwecke der Arbeit errichtet sein), sondern auch ideologisch prononciertes *Motiv*."[11]

Aber in einem Land mit einem so rückständigen Stand der Industrialisierung wird die Technik — auch in der architektonischen Umsetzung als Konstruktion — viel weniger selbstverständlich sein; im Bemühen um die formale Umsetzung der Hoffnung auf die Maschine, die gleichzeitig Hoffnung auf die endliche Verwirklichung einer kommunistischen Gesellschaft ist, wird ihre Ästhetisierung einen größeren Stellenwert erhalten, als es in Westeuropa der Fall war. Die Distanz zwischen dem

Stand der Technik und ihrer architektonischen Formulierung macht diese aber um so stärker zu einem *Symbol* für den technischen Fortschritt. Gleichzeitig erfüllte die Form die Funktion, durch ihre Neuheit den Bruch mit der Vergangenheit, den Auf-Bruch in die neue Zeit und damit ein Element der Dynamik zu versinnbildlichen, das in der Maschine ebenfalls enthalten ist.
Die Abwendung von den Formen der Vergangenheit lag zusätzlich darin, daß die Maschine als Sinnbild der Objektivität, der Wissenschaftlichkeit verstanden wurde; damit war sie Zeichen des Anders-Seins als die bürgerlich-subjektive Komposition und adäquat der vorgeblich auf wissenschaftlichen Grundlagen beruhenden Entwicklung einer sozialistischen Gesellschaft.
Die neue Form wird entwickelt aus dem, was als die Lösung der praktischen Probleme angesehen wird (die als „Reich der Notwendigkeit" auch gesellschaftliche sind), nämlich aus der Maschine, der Industrie. Darin manifestiert sich ein neues Selbstverständnis der Architektur, die jetzt bewußt außerarchitektonische Motive aufgreift; sie wurde als Organisator des Lebens und als prägend für die neue Gesellschaft verstanden. Die Architekten brachten, stärker als im westeuropäischen Funktionalismus, gesellschaftliche Kommunikation und neue gesellschaftliche Formen *als Funktion* in die Architektur ein.
Die *Neuheit der Form* als „revolutionäres" Element; die *Maschine* als Bezeichnung des Mittels der Befreiung; der Versuch, durch Architektur das *soziale Leben* nach einer visionären Vorstellung zu gestalten; und schließlich das Moment der *Bewegung* als Hinweis auf den prozessuralen Charakter des Weges zum utopischen Ziel — all dies wurde im Bild der Maschine (und des Dampfers) zusammengefaßt.
Das Scheitern dieser Architektur liegt in zwei Widersprüchen begründet. Zum einen bestand — wie auch in Westeuropa, jedoch eher noch tiefergreifend — eine Kluft zwischen dem, was die Avantgarde verständlich machen wollte und dem, was eine technisch rückständige, weitgehend agrarisch strukturierte Bevölkerung verstehen konnte; das Zeichen konnte nicht zum gemeinsamen Symbol werden, die Distanz zwischen Utopie und Wirklichkeit war selbst unter den Bedingungen revolutionärer Umwälzung zu groß. Der Bruch mit der Vergangenheit mußte in neuen Formen ausgedrückt werden die nicht verstanden werden konnten, *weil* sie neu waren.
Den anderen, staatspolitischen Grund für das Scheitern der Avantgarde nennt Vogt, indem er auf den grundsätzlich anderen Charakter der nachfolgenden Architektur des „sozialistischen Realismus" hinweist: „Die Avantgarde (...) ist eine *Architektur der Hoffnung*

— Hoffnung auf Veränderung, auf Verbesserung des menschlichen Zusammenlebens. Der klassizistische Umschlag, wie er hierauf folgt, produziert eine *Architektur der Erinnerung*."[12] Aus der staatlichen Ablehnung der Architektur der Hoffnung, der utopischen Funktion der Kunst, läßt sich folgern, daß dieser Aspekt unerwünscht ist: Die Kunst soll ausschließlich widerspiegeln, nicht „selber hervorbringen"[13]. Darauf jedoch — und das gilt nicht nur für die sowjetische, sondern gleichermaßen für die westeuropäische Avantgarde — haben sich die Architekten nicht beschränkt; sie sahen die im Heute sichtbar in Architektur umgesetzte soziale Utopie als Verpflichtung an. „Dieses Neue ist von den Sozialutopisten, also von den politischen Revolutionären, bekämpft und gefürchtet worden. Sie konnten nicht zulassen, daß das Reich der Freiheit in Beton und Glas errichtet, bevor es gekommen, das heißt, bevor es sich gesellschaftlich ereignet hat."[14]
Aber, und das bleibt für den Konstruktivismus festzuhalten, wenn es um die Unterschiede zum Dekonstruktivismus geht, er war eine Architektur, die, wie es Karel Teige bereits 1925 sagte, „natürlich überhaupt nicht mit den Entwürfen für eine neue Kunst [kommt], sondern mit Plänen für eine neue Welt, mit einem Programm für ein neues Leben"[15].

3.

Ähnliches gilt für die andere große utopische Architektur, deren zentrales Thema die Maschine war (und die im übrigen den sowjetischen Konstruktivismus stark beeinflußt hat), den italienischen Futurismus vor dem Ersten Weltkrieg. Dessen Grundelemente waren „Haß auf die Vergangenheit"[16], Verherrlichung der Geschwindigkeit, Idolatrie der Maschine und Faszination durch die Großstadt. All dies ist aus dem *Futuristischen Manifest* ablesbar und kennzeichnet die Skizzen eines Sant'Elia. Diese thematischen Utopien wie auch die „Utopie des Maßstabs"[17] und eine neue „Architektur der Dynamik" waren damals ein völlig neuer Ton: „Die neue Architektur ist eine Architektur von kühler Kalkulation, verwegener Kühnheit und Einfachheit; eine Architektur aus Stahlbeton, Eisen, Glas, Textilgeweben und all' jenen Ersatzstoffen für Holz, Steine und Ziegelwerk, die zur Erreichung einer maximalen Elastizität und Leichtigkeit beitragen"[18], so der *Messagio*, der Vorläufer des *Futuristischen Manifests*. In diesem heißt es dann: „Wir erklären, daß sich die Herrlichkeit der Welt um eine neue Schönheit bereichert hat: die Schönheit der Geschwindigkeit."[19] Also nicht die Bewegung auf ein Ziel hin und damit das Ziel selbst, sondern die

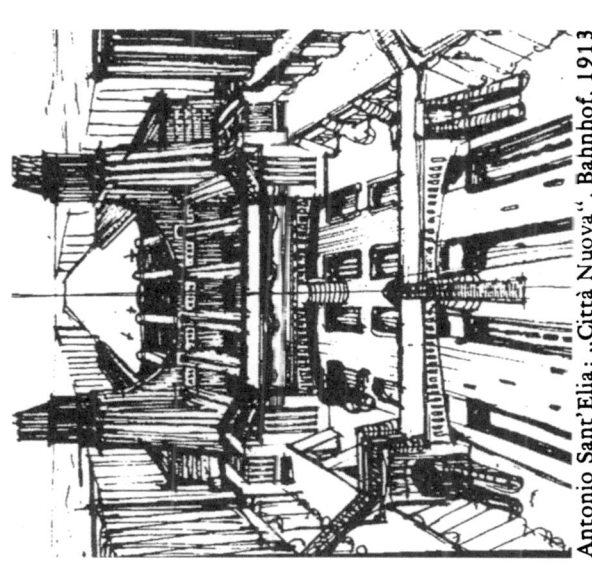

Antonio Sant'Elia: „Città Nuova", Bahnhof, 1913

F. A. Dusquesney: Gare deL'Est, Paris 1947–1952,
Foto: G. Kähler

Bewegung als Absolutes, die Geschwindigkeit wird gepriesen. In diesem Begriff werden die Veränderungen einer modernen, durch neue Technologien geprägten Welt gefaßt; der Mensch, so Marinetti, denke nicht daran, „daß diese verschiedenen Arten der Kommunikation, des Transportes und der Information auf seine Psyche einen entscheidenden Einfluß ausüben (...). Die Welt schrumpft durch die Geschwindigkeit zusammen. Neues Weltgefühl."[20]
Das führt gerade in den Zeichnungen und Skizzen Sant'Elias zu einer besonderen Betonung aller mechanischen Teile: Aufzüge, Rolltreppen, allgemein aller Verkehrselemente; denn „so wie die Alten die Inspiration für ihre Kunst aus den Elementen der Natur nahmen, [nehmen] wir, die wir materiell und geistig ‚künstlich‘ sind, die unsere aus den Elementen der modernen mechanischen Welt."[21]
Zugleich allerdings ist auf den Unterschied nicht nur zum Konstruktivismus, sondern auch zu zeitgleichen Anschauungen in Deutschland hinzuweisen: denn dort wird die Maschine als Werkzeug gesehen, damit als Hilfsmittel des Menschen, das ihn von Arbeit befreit. Dieser gesellschaftliche Aspekt fehlt bei den Futuristen vollständig; den Futuristen wird die Maschine vielmehr zum eigenständigen Wesen: „Der Schmerz eines Menschen ist für uns genauso interessant wie der einer elektrischen Birne, die leidet, zuckt und die qualvollsten Schmerzensrufe ausstößt."[22] Folgerichtig kommen Menschen in Sant'Elias Zeichnungen kaum vor.
Die Faszination durch die Großstadt mag daher paradox erscheinen, ist es jedoch nicht; denn sie ist der metaphorische Ort, der die Anwendung von Maschinen, die Verkehrsverbindungen, Kraftwerke usw. erst notwendig macht: „Großstadt" nicht als Ort von Menschen, von „Gesellschaft", sondern als der Verschiebebahnhof ihrer Bewegungen. Es findet keine Auseinandersetzung mit den sozialen Problemen der Großstadt statt, vielmehr wird ein Teilaspekt, der Verkehr, zum Anlaß kühner Visionen: letztlich mehr graphische science fiction denn soziale Utopie, kein „Weltbau für eine neue Gesellschaft", wie ihn der Konstruktivismus versuchte. Die futuristische Utopie bleibt im luftleeren Raum.
Das eben unterscheidet den Futurismus von den Utopien der zwanziger Jahre, deren eine der Konstruktivismus war. Die andere große Utopie, die in der Maschine ihren Fixpunkt erkannte und diese zum architektonischen Thema machte, ist am eindeutigsten bei Le Corbusier formuliert. Sie strahlte von dort auf das deutsche Neue Bauen aus — etwa bei Hans Scharoun. Die Maschine, die als „Wohnmaschine" ihren Begriff gewordenen Niederschlag fand, stellte wie in Rußland den Be-

zugspunkt und das Mittel der „Erlösung" der Gesellschaft zu einer neuen Form des Zusammenlebens freier und gleicher Individuen dar. Das Idealbild des Passagierdampers — eine Freizeitgesellschaft ohne Arbeit, die durch die Maschine ermöglicht wird, räumlich geordnet in Individualbereich und Gemeinschaftsanlagen, auf einer „Arche" durch ein Meer der Unwirtlichkeit fahrend — wurde in Architektur übersetzt: in Le Corbusiers Villa Savoye oder der späten Unité d'Habitation, in Scharouns Wohnheim auf der Werkbundausstellung in Breslau oder in Ernst Mays zentralem Bau in der Siedlung Frankfurt-Römerstadt.

Der architektonische Ausdruck dieses Ideals wurde nicht in ähnlich technischen Formen und Materialien gesucht wie in Rußland. Er wurde stärker mit anderen Formsystemen — des Stijl, zum Beispiel — überlagert. Zwar suchte ein Scharoun, Konstruktionen des Dampers auf „den Hausbau ohne weiteres"[23] zu übertragen. Aber im Ganzen werden Maschine und Dampfer nicht als konsistente Form, als alleiniges Abbild gesucht, sondern eher assoziativ als Teil eines neuen Ganzen eingebracht. Der Grund dafür liegt im unterschiedlichen Abstand zur Maschine, zur Industrialisierung, wie er zwischen dem bereits industrialisierten Westeuropa und dem rückständigen Rußland bestand; was dort als beinahe mythische Größe beschworen wurde, war hier seit dem 19. Jahrhundert selbstverständliche Gegenwart.

4.

Architektur und Technik, Architektur und Maschine im 19. Jahrhundert — das ist die Geschichte der Brücken, Gewächshäuser, Passagen, der Bahnhofshallen, der großen Kaufhäuser, besonders aber der Bauten für die Leistungsschauen der Weltausstellungen. Es ist also, das vorweg, nach der Anschauung der damaligen Zeit keine *Architektur*geschichte; deren Problem war immer noch die Suche nach dem *einen* Stil. Weil aber die genannten Aufgaben keine „Architektur" waren, konnten sie — man möchte sagen: von der Architekturtheorie (fast) unbemerkt — ihren eigenen, neuen Ausdruck finden (Auf einer anderen Ebene liegt, daß man sich schon vom Beginn der Industrialisierung an auch in der „eigentlichen" Architektur der technischen Errungenschaften ungeniert bediente.)

Die großen technischen Bauten des 19. Jahrhunderts, von der ersten Brücke über den Severn (1779) bis zum Eiffelturm, sind Darstellungen dessen, was technisch jeweils möglich war, besser: was *gerade noch* technisch möglich war (das unterscheidet sie vom russischen Konstruktivismus, auch vom Futurismus, Entwürfen, die unter den damaligen Bedingungen nicht realisierbar waren): „Jeder Glaube weiß sich in Tempeln zu verkörpern. Betrachtet man aufmerksam die Kirchen jüngsten Datums, gibt es keinen Zweifel daran, daß die Religion unseres Jahrhunderts die Religion der Railway ist"[24], so Théophile Gautier, und er beschreibt damit dieses An-die-Grenze-Gehen aus quasi-religiöser Inbrunst, zur Verherrlichung einer übergeordneten Macht.

Eben darum kommt den „Kathedralen" des 19. Jahrhunderts ein anderer Stellenwert zu als den heutigen Bauten des Dekonstruktivismus (oder auch der High-Tech-Architektur, die unter diesem Aspekt zwei Seiten derselben Medaille sind). Das für uns noch immer Faszinierende dieser großen Hallen, der Brücken oder Gewächshäuser liegt zum einen in der naiv-ungebrochenen Begeisterung über das technisch *noch* Machbare, das mit gesellschaftlichem Fortschritt gleichgesetzt wurde, und das in jedem Detail (wie auch in der häufig völlig übersteigerten Dimension) ablesbar ist: „Das Selbstvertrauen des liberalen Bürgertums, das aus dem Zeitalter der Aufklärung in das neue Jahrhundert herüberkam und immer triumphierender anwuchs, hatte in dem technischen Fortschritt und dem aus ihm stammenden Wohlstand seine stärkste Waffe (...). Auf diesem Gebiet war das Gefühl der Überlegenheit über alle Vergangenheit unbezweifelbar. Und weil die Befreiung von äußerem Druck, die man der Technik verdankte, Hand in Hand ging mit der rechtlichen Befreiung, die der Liberalismus leistete, wurde man in der Folge doch geneigt, der Technik einen absoluten Wert anzuerkennen."[25]

Zum anderen aber liegt unsere Faszination in einer eigentümlichen Ambivalenz, die neben der Begeisterung der Ingenieure auch das Übermenschlich-Bedrohliche im Hintergrund spürbar werden ließ, und das besonders in literarischen Zeugnissen mitschwingt. Das ist gerade bei der neuen Erfahrung der Eisenbahn und im Typ des Bahnhofs angelegt. Man lächelt heute über die damaligen Warnungen der Ärzte über die gesundheitlichen Schäden der Geschwindigkeit in dem neuen Gefährt. Aber ein Hauch des Unheimlichen liegt auch heute noch in der gewaltigen Dimension der Bahnhofshallen: Halte- und Ruhepunkt einer fahrenden Maschine, die als „Raum fressend" gesehen wurde – dabei selbst unvorstellbar riesiger Raum, in sich ruhend; Bewegung jeder Art wiederum zeigt ihr Funktionieren an, ist ihre Raison d'être: die Halle als Hülle, aber auch als technische Demonstration der Beherrschung von *Statik*, geltend eigentlich der Verherrlichung von *Bewegung* (der Eisenbahn). Daß diese eigentümliche Ambivalenz die Faszination des Ortes

Bahnhof ausmacht, zeigt sich bis heute in der Literatur, bis hin zu jenem wunderschönen Fragment Walter Benjamins aus dem *Passagenwerk*: „Gewiß, heute im Zeitalter des Autos und Flugzeugs sind es nur sachte, atavistische Schrecken, die unter den schwarzen Hallen noch ruhen und jene abgespielte Komödie von Abschied und Wiedersehen, die man vor dem Hintergrunde der Pullmancars aufführt, macht aus dem Bahnsteig eine Provinzbühne. Noch einmal spielt man uns das abgelegte Melodram: Orpheus, Eurydike und Hermes auf dem Bahnhof. Im Kofferberge, unter dem sie steht, wölbt sich der Felsgang, die Krypta in die sie versinkt, wenn der hermetische Schaffner mit der Signalscheibe, die feuchten Blicke des Orpheus suchend, das Zeichen zur Abfahrt gibt. Narben des Abschieds, die wie der Sprung einer griechischen Vase über die dargehaltenen Leiber der Götter zuckte."

Das Paradoxon aber, daß ein *Raum* gebraucht wird für eine *raumfressende* Maschine, wird in der Übersteigerung der großen Bahnhofshallen aufgelöst, die den Sieg der Technik über den Raum verkünden. Die Gleichung von technischem und sozialem Fortschritt schien zu stimmen, sofern man den Bau ansah — hinter dessen Fassade, allerdings, entstand das „Bahnhofsviertel".

Faszination und Abscheu, auch Trauer über das, was durch den technischen Fortschritt verloren ging, gingen Hand in Hand, vom Beginn der Industrialisierung an, wie in jenem (späten) Gedicht Heinrich von Reders:

„Verfallen steht am Waldesgrund
am Saumweg eine Schmiede,
draus tönt nicht mehr der Hammerschlag
zum arbeitsfrohen Liede.
Nicht weit entfernt ragt in die Luft
ein langgestreckt Gebäude
dort walten im Maschinenraum
berußte Hammerleute.
Mit Nägeln aus der Dampffabrik
ward zu der Sarg geschlagen,
der den verarmten Hammerschmied
zu Grabe hat getragen."

Es ist für die Stimmungslage des 19. Jahrhunderts bezeichnend, daß auch populäre Schriftsteller den möglichen Schrecken der Technik spürten. So läßt bemerkenswerterweise ein so der technischen Utopie verschworener Romancier wie Jules Verne, heute für den Inbegriff naiver Technik-Begeisterung gehalten, in seinen „Fünf Wochen im Ballon" sagen: „Man wird immer mehr Maschinen erfinden, die alle menschli-

chen Tätigkeiten besser, gründlicher und genauer ausführen, bis man ihnen schließlich auch das Töten beibringt, und dann wird sich die Menschheit gegenseitig ausrotten. Ich kann mir den jüngsten Tag nicht mehr anders vorstellen, als daß ein gigantischer Kessel mit einem Druck von drei Milliarden Atmosphären die Erde in die Luft sprengt."[26]
Eine apokalyptische Vorstellung von der Macht der Maschine (und der Dummheit der Menschen), die spätestens 1945 Wirklichkeit geworden ist und als Bedrohung bis heute anhält. Daß die Utopien inzwischen eingeholt wurden und wir ihr schreckliches oder auch nur banales Gesicht sehen, läßt uns heute nicht mehr die Kraft zu neuer Utopie finden, genauer: läßt uns am Nutzen der Utopie (ver-)zweifeln — ein direkter Hinweis auf den Dekonstruktivismus, über den noch zu reden sein wird. Wir *wissen*, daß die Technik nicht nur heimlich-unheimliche Bedrohung ist, sondern konkrete Gefahr; daß die Selbstzerstörung des Menschen keine Utopie, sondern mögliche Wirklichkeit ist.

5.

Damit kommen wir zurück zur Architektur des Dekonstruktivismus und der Frage nach ihrem architektonischen Ausdruck. Diese Architektur will ausdrücklich weg vom Ent-Wurf als Zukunftsprojektion, weil ihr (wie es Bernard Tschumi sagt) die Synthese, der Versuch von Einheit an sich suspekt ist: „Vor dem Hintergrund einer von Dezentrierung und Zersplitterung geprägten Kultur wirkt sie (die Einheit; G. K.) allerdings eher utopisch".[27] Nun wäre sicherlich dieses Verständnis von Utopie zu hinterfragen, aber das Entscheidende ist der bewußte Verzicht auf jede Zukunftsprojektion: „Ich würde sagen, daß La Villette nichts damit zu tun hat, wie die Dinge in Zukunft sein werden, sondern wie sie hier und heute sind. Es gibt heutzutage keine Utopien."[28] Der Schluß Tschumis, beim Verzicht auf die Illusion *einer* („heilen") Welt auch auf den Entwurf einer Zukunft überhaupt zu verzichten, scheint wenig zwingend; gerade wenn ein neues, postmodernes Weltbild der Polyzentralität[29] gewachsen ist, wäre eine neue Utopie — auch eine architektonische — notwendig und sinnvoll.
Die Architektur des Dekonstruktivismus kann die Geschichte nicht vernachlässigen, sondern sie muß vor deren Hintergrund betrachtet werden: keine Architektur, die Bezüge zu anderen Architekturen herstellt — gleich, ob willentlich oder zufällig; das historisch-bewußtlos „Zufällige" ist nicht mehr erlaubt! —, kann deren Ausdruck und damit eine Bedeutung für die eigene Position negieren. Selbst eine Architek-

tur, die eine noch nie erblickte Formenwelt errichtet, ist in die Geschichte verstrickt; denn das „noch-nie-Gesehene" mißt sich am Bisherigen. Peter Sloterdijk hat in seiner „Kritik der zynischen Vernunft" zum Geschichtsverständnis festgestellt: „Das Geschichtliche zerfällt in das Erledigte und das, was nur vergangen, aber nicht vorüber ist — das Unerledigte, Imperfekte, das Erbübel, den historischen *hang-over*. Immer wenn Menschen und Gruppen sich anschicken, für sich ein solch ererbtes Kapitel des Unerledigten zu erledigen, dann wird für sie Erinnerung und Geschichte zu einer hilfreichen Kraft, ob im Individuellen wie bei der Psychotherapie oder im Kollektiven wie in Befreiungskämpfen."[30] Besitzt die Architektur des Dekonstruktivismus tatsächlich die Dimension, ein historisches Thema, das der Maschine als architektonischer Metapher, „zu erledigen"? Gerade der — gewollte oder ungewollte, aber im Begriff wie in der Form ständig präsente — Hinweis auf den sowjetischen Konstruktivismus ist in eine kritische Bewertung aufzunehmen. Die sowjetischen Architekten hatten keine platte Übersetzung von „Industrialisierung" in eine Architektur aus Stahl und Glas im Sinn; gerade die ersten Jahre nach der Revolution sind dafür der Beweis, als die kollektive Begeisterung ebenso groß wie der tatsächliche Fortschritt durch Industrialisierung gering war. Die Maschine bekam eine fast mythische Bedeutung, die weit über die Möglichkeiten jener Jahre hinausging — Rationalität, Befreiung des Menschen von Arbeit, Objektivität, Gleichheit, Fortschritt waren mit ihr verbunden. Sie war Allheilmittel, sie trat an die Stelle eines Gottes. In den zahlreichen, aus primären Körpern zusammengesetzten Entwürfen Leonidows, Melnikows oder Alexander Wesnins läßt sich dieses Moment des „Weltentwurfs" besonders deutlich ablesen.

Den Architekten des Dekonstruktivismus wird man ähnliche Motive nicht unterstellen können, selbst wenn ihre Architektur so deutlich Bezug auf den Konstruktivismus der zwanziger Jahre nimmt. Die gleiche gesellschaftliche Utopie nach den Erfahrungen der letzten Jahrzehnte und nach mehreren industriellen Revolutionen, die das damals Beschworene längst erreicht haben — das geht nicht. Es wird allenfalls ein Motiv aus einem ganzen Bündel aufgegriffen in der Maschinenhaftigkeit ihrer Architektur: das der Objektivität, der Sachlichkeit, ja, distanzierter Kälte. Die neuen Bauten drücken nichts von Hoffnung auf eine bessere Welt aus, sondern zeigen nur den Zustand der heutigen; sie sind in diesem Sinne abbildend (wie weit mit der Abbildung auch Kritik verbunden ist, muß im Einzelfall entschieden werden). Sie sind post-postmodern, soweit die Postmoderne zurück vor die Moderne griff. Chaos, Zersplittertheit, Bruchstückhaftigkeit — eine Architektur aus Break Dance, kontrolliertem Zugunglück und Zufallssimulation eines Computers: „Diese Bauten verweisen nicht auf die Maschine, sondern nutzen die konstruktivistische Analyse, um das schwierige Zustandekommen des Ganzen, die Fragwürdigkeit der Harmonie, die Härte der gebauten Realität, die Dynamik des Ungereimten" darzustellen, wie es Heinrich Klotz sagt.[31] Die Welt, unsere Welt ist so, also stellen wir sie dar; denn weil sie so ist — hektisch, ver-rückt, oberflächlich-laut, finden wir sie schön?

„Main stream" war bei Robert Venturi noch „almost alright", und der Ton lag auf „almost". Diese Vokabel ist bei den Dekonstruktivisten weggefallen: „Everyone in the show likes contemporary society and its evils", so Bernhard Tschumi aus Anlaß einer Ausstellung zum Thema in New York[32] — vielleicht ironisch gemeint, aber doch wohl zutreffend: ein Spruch, wie er zynischer kaum sein kann.

Die Frage, ob diese Architektur die Welt „richtig" abbildet, wird hier im übrigen ausdrücklich ausgeklammert, wo es um ihre Intention geht: der Architekt, der bisher mit der kleinsten (Ur-)Hütte immer auch das Bild einer besseren Welt baute (oder, wenn er es nicht tat, nur banal blieb), hat abgedankt; Palladio, Boullée, Leonidow, Le Courbusier verabschieden sich. Diese Architektur verwendet die Konstruktion als „*Material* fiktionaler Darstellung"[33], so noch einmal Heinrich Klotz; sie erzählt also etwas über den Zustand dieser Welt — eher zustimmend denn kritisch. Nur: Was ist ein „So ist die Welt, ich finde sie gut/schlecht" für eine architektonische Aussage? Zudem stellt sich die Frage, ob die dekonstruktivistische Architektur nicht nur Warenästhetik aus dem Schatzkästlein einer Werbeagentur ist: Auffallen um jeden Preis, Häßlichkeit verkauft sich gut?

So weit ich sehe, hat es in der Baugeschichte noch nie eine Architektur gegeben mit dem Anspruch, „Welt" abzubilden, die sich damit begnügt hätte; von den ägyptischen Pyramiden über das Pantheon bis zur Villa Rotonda, von Boullées Newton-Kenotaph bis zur Villa Savoye oder zur Tautschen „Stadtkrone" wurde das *Ideal* einer Welt gezeigt, beschworen; der *Abstand zur Wirklichkeit* war entscheidender Bestandteil der Architektur. Das „Es ist, wie es ist" aber, in einem anderen Medium gesagt, stellt eine Tautologie dar, die aus dem Kunstanspruch eine Banalität macht. Kunst, und in diesem Sinne auch Architektur, ist aber das „Ist plus Etwas" als Kritik oder als Ideal. Das Zerrissene, bewußt Chaotische der dekonstruktivistischen Architektur als Ideal? Das scheint kaum denkbar (und nichts in den Äußerungen der Architekten deutet darauf hin); eher denn das „So ist es leider, macht es besser"

einer Kritik am Bestehenden (obwohl, wie gezeigt, die Selbstaussagen auch kaum in diese kritische Richtung deuten), wie sie E.M. Farrelly andeutet: er nennt die dekonstruktivistische Architektur „anarchisch", aber „nicht als Fehlen von Ordnung, sondern vielmehr als eine absichtliche Zerstörung der alten, um einer anderen, subtileren und sogar in mancher Hinsicht stringenteren Disziplin Platz zu machen"[34]. Farrelly sieht „gebaute Metaphern des Denkprozesses", diese Architektur sei der „scharfkantige Individualismus in einer Welt passiver, gleichartiger Konsumenten, die entschiedene Zurückweisung der konformistischen Ideale, die wir nach dem Willen des Establishments übernehmen sollen, und die Weigerung, durch die gewaltigen Kräfte der Autorität manipuliert zu werden"[35]. Eine Architektur der Verweigerung also.
Die Moderne der zwanziger Jahre, auch der russische Konstruktivismus, ist gescheitert, weil die sozialutopischen Inhalte von den Massen nicht verstanden werden konnten; ihre Formensprache glaubte ohne eine vermittelnde Instanz auskommen zu können (eine zweite Frage ist, ob die Massen die „Utopie der Askese" akzeptiert hätten, *wenn* sie sie verstanden hätten). Was aber läßt sich heute verstehen, wenn eine damals schon unverstandene Formensprache ins Extrem getrieben wird? Oder *soll* man vielleicht gar nicht verstehen? Nur machen dann die Architekten dasselbe wie jene der zwanziger Jahre – diesmal wissentlich: Sie ignorieren ihr Publikum, sie machen reine Kunst. Das mag in Ordnung sein beim bekannten Bauherren, ist es aber nicht beim Wohnhaus des sozialen Wohnungsbaus (wie es COOP Himmelblau projektierten), wo der Bewohner keine Rückzugsmöglichkeit vor dem Form-Willen des Architekten hat, weil die Wohnung bereits sein privatester Bereich ist. Eine Architektur, die sich also auch dem Bewohner verweigert?
Wenn man Albrecht Wellmers – auf Ivan Illich basierende – Unterscheidung industrieller Produkte zugrunde legt (als industrielles Produkt möchte diese Architektur offenkundig verstanden werden – als ein anderes als bisher), dann könnte man „eine an menschlichen Bedürfnissen, menschlicher Selbsttätigkeit und kommunikativer Rationalität orientierte Technologie unterscheiden von einer auf Kapitalverwertung, bürokratische Kontrolle oder politische Manipulation hin angelegten Technologie. *Diese* Unterscheidung, und nicht die zwischen Industriekitsch und funktionalem Design, bezeichnet heute die Grenzlinie zwischen ästhetisch-moralischer Kultur auf der einen Seite und Barbarei auf der anderen."[36] Wenn man diese Unterscheidung zugrunde legt und das Industrieprodukt Architektur danach befragt, ist dann die Architektur des Dekonstruktivismus die „neue Freiheit" oder etwa nur eine neue Enge in einem kryptischen System?

Was in diesen Entwürfen versucht wird, ist eine Gratwanderung zwischen gesellschaftskritischen Inhalten und gebautem Positivismus, die gar nicht glücken *kann* — dann nämlich, wenn sie verwirklicht wird. Das unvermeidlich Positivistische einer Funktion kollidiert zwangsläufig mit der kritischen Absicht, so diese denn besteht. Eine Kritik, die im Negativen stehenbleibt, berechtigt und möglich in anderen Medien, kann Architektur ihrem Wesen nach nicht leisten, weil ihre Zweckgebundenheit es verbietet: Kann es eine Wohnung, einen Büroraum geben, der seine eigene Negation enthält? Damit aber bleibt nur die Hülle, die Fassade. Deren unbedingtes Anderssein im städtischen Kontext aber macht ihre Qualität als Besonderes, Auffälliges im Sinne einer Werbeästhetik aus; und wenn denn demnächst Zaha Hadid oder COOP Himmelblau das Verwaltungsgebäude eines multinationalen Konzernes bauen, dann wegen dieser Qualität — nicht aus Gründen der Selbstkritik des Bauherren. Sehr zu Recht weist daher Bruno Schindler jede kritische Funktion des Dekonstruktivismus zurück, gleich, ob diese beabsichtigt sei oder nicht: „Wenn man auf die Widersprüche einer Zeit dadurch hinweist, daß man sie ästhetisch überhöht, dann macht man sie auch genießbar — im wörtlichen Sinne. Dadurch werden die Widersprüche sehr schnell akzeptabel und die Lebensumstände eingefügt. Der Effekt ist also Stabilisierung, nicht Kritik. Dekonstruktion ist der Luxus, Unbehagen an der normierten Umgebung besonders auffallend zu artikulieren."[37]
Die versuchte Gratwanderung zwischen positivistischer Architektur und hochtechnischer, hochkonstruktiver Dekonstruktion endet eben dort (denn ein weiterer Widerspruch in sich ist ja der, daß diese Bauten nur auf äußerst komplizierte, technisch aufwendige Weise hergestellt werden können. Damit entfällt das Argument, sie sei gerade durch ihre „schräge" Technik als Kritik an der aufwendigen und ressourcenverschlingenden Technik beim heutigen (High-Tech-)Bauen zu verstehen). Was die Bildende Kunst kann, ist der Architektur verwehrt; Gesellschaftskritik kann architektonisch nur über den Umweg einer neuen Utopie geübt werden, durch das Bild einer besseren Welt. Der hoffnungslose Positivismus eines Ziegelsteins kann nicht überwunden werden, und wenn Zaha Hadid den Peak in Hongkong bebaute, käme High Tech heraus, dekoriert mit dem Kleinkunstpreis der AA-School. Unsere perfekt funktionierende Warenwelt schluckt heute ohne Aufzustoßen selbst das, was gegen sie erfunden wurde, sofern es nur auffällig genug auftritt. Farrelly sieht in der Architektur von COOP Himmelblau eine „Architektur der Freiheit"[38] — ich meine eher, wenn das „Hot Flat" in Wien gebaut würde, wäre es das genaue Gegenstück zum Hundertwasser-Haus: beides erstklassige Touristenattraktionen.

Hans-Peter Schwarz vom Deutschen Architekturmuseum hat zu einem Projekt von Archigram geschrieben, es stelle einen Vergnügungspark dar und sei „damit gar nicht soweit von der Tradition ihrer konstruktivistischen Vorläufer entfernt (...), für die der Arbeiterclub eine der zentralen Bauaufgaben darstellt."[39] Das ist genau der Unterschied, den ich meine: das kommerzielle Unterhaltungsereignis einer Freizeitgesellschaft gegen den „sozialen Kondensator" für eine neue Welt. Damit ist dann die Frage nach der „Tiefe, in der die Gebilde die Widersprüche austragen", beantwortet. Und es bleibt bei dem, was Adolf Behne 1930 schrieb:

„Man kann wohl kaum von einem bestimmten Geschmack des Kapitals sprechen. Je nach der gesellschaftlichen Situation, je nach dem Ziel ist er zu verschiedenen Zeiten sehr verschieden. Heute jedenfalls ist der Geschmack der Plutokratie durch den Willen zur Restauration bestimmt, das heißt, er nimmt die Elemente des letzten revolutionären Vorstoßes der Kunst auf, wendet sie aber geschickt ins Mollig-Verbindliche, ins Geschmackvoll-Sensationelle. (...) Was vor zehn Jahren die Konstruktivisten erfanden, die ohne Frage den kühnsten Vorstoß für die Erneuerung der Kunst ausgeführt hatten (...), wird im Kunstgewerbe und Geschäft gern aufgenommen. Wenn man kein Banause ist, kann man sich über den künstlerischen Schmiß, der dadurch in die Reklame und durch Plakatsäule, Schaufenster, Ladenfront in die Straße gekommen ist, durchaus ästhetisch freuen. Auch lag ja im Programm der Konstruktivisten das Streben nach einer engen praktischen Verbindung mit dem Leben. Freilich hofften sie, dieses Leben, dem sie sich verbünden wollten, würde im Zeichen des Proletariats stehen, und nun stellen die Nutznießer diese Ideen in den Dienst des Geschäfts. Aber so enttäuschend diese Ausnutzung ursprünglich revolutionärer Ideen durch Geschäftemacher auch immer ist, man darf auch einmal folgendes sehen: So oder so, es kommen die Mittel der revolutionären Avantgarde, die, als sie noch streng und rein waren, von der Masse ignoriert oder abgelehnt wurden, nun doch an diese Masse heran. In konfektionierter Form, gewiß. Doch leistet hier das Geschäft, die kapitalistische Wirtschaft unbewußt auch wieder Vorspanndienste für das Neue. (...) Die Kunst der Gesellschaft ist heute paradiesisch, ein heiteres Arkadien: Kult der Schönheit, aber keiner natürlich einfachen Schönheit, sondern einer ganz raffinierten Schönheit, zu derem pikantestem Raffinement es gehört, daß sie eben doch auch einen Schuß ‚Einfachheit' in sich hat. Gerade diese komplizierte Einfachheit ist sehr sehr schwierig zu treffen. Man will heute nicht mehr fad und süß sein, nein, um keinen Preis. Der gute Ton verlangt eine gewisse kokette jugendliche Herbheit. Schokolade, ja, aber edelbitter (...)."[40]

Anmerkungen

1 Th. W. Adorno: Funktionalismus heute (1965). In: ders.: Ohne Leitbild. Frankfurt 1973[5], S. 127
2 Ch. Jencks: Die Architektur der Dekonstruktion. In: arch+ 96-97/88, S. 33
3 Zitiert nach: Frankfurter Kunstverein (Hrsg.): Kunst in der Revolution (Kat.). Frankfurt 1972 n. pag.
4 A. B. Nakov: Kunst und Revolution in Rußland. In: Tendenzen der zwanziger Jahre (Kat.). Berlin 1977, S. 1/111
5 M. Tafuri/F. Dal Co: Architektur der Gegenwart. Stuttgart 1977, S. 204
6 El Lissitzky: 1929 – Rußland: Architektur für eine Weltrevolution. Berlin/Frankfurt/Wien 1965, S. 137
7 ebd.
8 A. M. Vogt: Russische und französische Revolutionsarchitektur. Köln 1974, S. 214
9 a.a.O., S. 181
10 a.a.O., S. 143
11 a.a.O., S. 154
12 a.a.O., S. 232
13 a.a.O., S. 242
14 a.a.O., S. 243 f.
15 Zitiert nach: Th. Hilpert: Die funktionelle Stadt. Braunschweig 1978, S. 66
16 Marinetti 1910; zitiert nach Chr. Baumgarth: Geschichte des Futurismus. Reinbek 1966, S. 37
17 J. P. Schmidt-Thomsen: „La città futuristica" – über die Architektur von Antonio Sant'Elia. In: werk 4/67, S. 220
18 zitiert nach: R. Banham: Die Revolution der Architektur. Reinbek 1964, S. 105
19 zitiert nach: Baumgarth, S. 26
20 a.a.O., S. 130
21 Futuristisches Manifest 1914; zitiert nach: U. Conrads (Hrsg.) Programme und Manifeste zur Architektur des 20. Jahrhunderts. Braunschweig/Wiesbaden 1975[2], 34
22 Technisches Manifest zur Malerei 1910; zitiert nach: Baumgarth, S. 182
23 zitiert nach: P. Pfankuch (Hrsg.): Hans Scharoun. Berlin 1974, S. 77
24 Théophile Gautier 1846
25 F. Schnabel: Deutsche Geschichte im 19. Jahrhundert. Freiburg/Br. 1950[2], S. 440
26 J. Verne: Fünf Wochen im Ballon. Frankfurt/Main 1968, S. 53
27 In: archithese 1/88

28 zitiert nach: Jencks, a. a. O., S. 37
29 wie es z. B. Wolfgang Welsch beschreibt: W. Welsch (Hrsg.): Wege aus der Moderne (Vorwort). Weinheim 1988
30 P. Sloterdijk: Kritik der zynischen Vernunft. Frankfurt 1983, S. 539
31 H. Klotz: in: Deutsches Architektur Museum (Hrsg.): Vision der Moderne (Kat.). Frankfurt 1986, S. 24
32 zitiert nach: „Newsweek", 11.7.88, S. 65
33 Klotz, a. a. O.
34 E. M. Farrelly; in: „Architectural Review", 8/86, S. 12
35 a. a. O., S. 13
36 A. Wellmer: Kunst und industrielle Produktion. In: W. Welsch (Hrsg.): op. cit., S. 258
37 B. Schindler: Weiß oder Schwarz? (Interview). In: arch+ 96-97/88, S. 89
38 Farrelly, a. a. O., S. 18
39 H.-P. Schwarz: Die Mythologie des Konstruktiven. In: Deutsches Architekturmuseum (Hrsg.): a. a. O., S. 54
40 A. Behne in: Sozialistische Monatshefte 9/30

Destruktion und Dekonstruktion.
Traditionslinien der Avantgarde

Michael Müller

> „Der destruktive Charakter kennt nur eine Parole: Platz schaffen; nur eine Tätigkeit: räumen. Sein Bedürfnis nach frischer Luft und freiem Raum ist stärker als jeder Haß".
> „Erfahrungsarmut: das muß man nicht so verstehen, als ob die Menschen sich nach neuer Erfahrung sehnten. Nein, sie sehnen sich nach einer Umwelt, in der sie ihre Armut, die äußere und schließlich auch die innere, so rein und deutlich zur Geltung bringen können, daß etwas Anständiges dabei herauskommt".
> *Walter Benjamin*

> „Die Leere in der Metropole ist nicht sprachlos".
> „Und am Ende interessiert mich die Leere viel mehr als die Architektur".
> *Rem Koolhaas*

1.

In seinen 1797/1798 niedergeschriebenen Fragmenten und Studien kritisiert Novalis den Weimarer Dichterfürsten Goethe als „ganz praktischen Dichter" mit der Neigung, „eher etwas Unbedeutendes ganz fertig zu machen – ihm die höchste Politur und Bequemlichkeit zu geben", Es sei nicht Goethes Sache, eine Welt anzufangen und etwas zu tun, wovon man vorauswissen kann, daß man es nicht vollkommen ausführen wird, daß es gewiß ungeschickt bleibt, und daß man es nie darin zu einer meisterhaften Fertigkeit bringt".
Angesichts dieser Favorisierung des künstlerisch Unvollkommenen bei Novalis hat Werner Hofmann von der Würde des Bruchstücks oder des verletzten, beschädigten Gebildes gesprochen.[1] Er sieht darin die ästhetische Formulierung und Nobilitierung der von Schiller erkannten Ten-

denz der „Zerstückelung" des Menschen und aller gesellschaftlichen Beziehungen. Wo sich das Schöpferische innerhalb entfremdeter Verhältnisse noch länger in der ganzheitlichen Leistung erfüllt, würde es unwahr. Allein das Fragment, das in seiner Ungewißheit zurückschreckt vor der Vollendung, als der Zielvorstellung des künstlerischen Handelns, wird zum adäquaten Ausdruck eines fragmentierten Lebens.
Damit war einer künstlerischen Bearbeitung von Wirklichkeit der Weg gewiesen, die sich der Sehnsucht nach Wiederherstellung des real Zerbrochenen als ästhetische Illusion von Ganzheit zugunsten einer in Fragen mündenden, offenen Form verweigert.

2.

Erste Hinweise auf gegenwärtige Konzepte einer *dekonstruktiven* Architekturpraxis lassen vermuten, daß das Zerstörte und Zerbrochene, daß die Fragmente und Bruchstellen zu Inhalten einer neuen und zeitgemäßen Architektur werden sollen. An ihr interessiert allein die Frage, auf welche Weise sie sich für eine produktive Auseinandersetzung mit den Zuständen unserer Gesellschaft eignet. Als eine weitere Spielart im Sinne bereits manierierter Adaption avantgardistischer Positionen auf rein formaler Ebene (z. B. bei Zaha Hadid) lasse ich „Dekonstruktion" dabei ebenso außer Acht wie die Tatsache, daß es bereits aufgeregte Bemühungen gegeben hat, unter diesem Begriff gleich die Arbeiten einer Reihe internationaler Architekten/Architektinnen zusammenzufassen.
Es charakterisierte schon die Auseinandersetzung mit der Postmoderne, daß ein Eingehen auf die historische Architektur-Avantgarde unvermeidlich war. Zu sehr bezog jene ihre Rechtfertigung aus einer polemischen Abgrenzung von den Programmen der Avantgarde. Demgegenüber verweist Dekonstruktion recht unmittelbar auf die historische Phase des (russischen) Konstruktivismus. Mark Wigley hat zuletzt den Nachweis erbracht, daß ein Anknüpfung an die konstruktivistischen Werke von Lissitzky, Tatlin, Wesnin oder Leonidov auch tatsächlich stattfindet.[2]
Der Begriff allein läßt aber noch einen weiteren Bezug zur Avantgarde zu: Es ist der bemerkenswerte Zusammenhang von *Dekonstruktion* und *Destruktion*.
Unterschiede und Annäherungen zwischen der destruktiven Seite gerade der frühen Avantgarde (Adolf Loos) und der dekonstruktiven Reaktionsform in der heutigen Architektur möchte ich daher thematisieren. Es handelt sich wohlgemerkt um eine erste, skizzenhafte Annäherung

an das ja selbst noch gering entwickelte Dekonstruktive in der Architektur. Zugleich verspreche ich mir eine weiterführende Charakterisierung des Destruktiven unter der Perspektive gegenwärtig eingenommener Positionen, von denen mir die Aussagen und wenigen Arbeiten *Rem Koolhaas'* die augenblicklich wichtigsten Hinweise geben.

Vor etwa zehn Jahren schrieb ich, daß von Walter Benjamin in einem 1931 erschienenen Aufsatz die Kraft der Destruktion und mit ihr das Werk von Adolf Loos in einen Wirkungszusammenhang gestellt worden seien, „der uns heute sicherlich ebenso neu wie fremd vorkommen muß"[3]. Denn was sollten wir mit der Zerstörung, als einem produktiven Konzept bewußter Auseinandersetzung, anfangen angesichts einer doch soweit vorangeschrittenen globalen Zerstörung unserer Umwelt? Wo es doch gerade auch in der Architektur darauf ankäme, das zu bewahren, was uns an Resten überhaupt noch geblieben ist.

Man hatte sich schon darauf eingestellt, daß es zwischen der Rettung historischer Bausubstanz und der ästhetisch geleiteten Stadtreparatur keine weiteren Perspektiven mehr für die mit architektonischen Mitteln geführte Auseinandersetzung mit dem städtischen Raum geben würde. Die Dekonstruktion weckt da auf einmal neue Hoffnungen. Ihr scheint der Preis für die kulturpolitisch gewollten Harmonisierungen offensichtlich zu hoch.

Die Angst vor dem Widersprüchlichen, dem Ungeordneten und den durch Zerstörung erzeugten Leeren in unseren Städten hat in den vergangenen Jahren zu gewaltig ausholenden Ordnungsgesten geführt. Großflächige städtische Areale werden gerastert, achsial und symmetrisch gegliedert. Eingänge in die Stadt werden durch hochfahrende, ja monumentale „Stadttore" neu bezeichnet. Und vormals ungeordnete, von den Spuren des Krieges gezeichnete, heterogene Stadtmitten sollen, wie im Falle des Museumsufers und des Römerbergs in Frankfurt am Main, auf ästhetischem Wege für eine Identitätsfindung mit der Stadt, als einem homogenen Ort, zurückgewonnen werden.

Für eine dekonstruktive Architektur stellt sich daher die Frage, was sie daran ändern könnte bzw. ändern will? Ist die Dekonstruktion die geeignete Reaktionsform, dem in den gegenwärtig so beliebten architektonischen Ordnungs- und Versöhnungsstrategien stillgestellten *historischen Bewußtsein* erneut eine Chance zu geben?

Von der Metropole sagt Koolhaas, daß ihre *Instabilität* und ihre „Beständigkeit, die selbst in der frivolsten Architektur steckt", unvereinbar sind.[4] Müßte das aber nicht auch bei einer dekonstruktiv operierenden Architektur — es sei denn, sie versteht sich bewußt als Arbeit an der Unbeständigkeit des Lebens — der Fall sein?

„Wichtiger als die Gestaltung der Städte ist heute und in naher Zukunft die Gestaltung ihres Zerfalls".[5] Auch das sagt Koolhaas. Demnach wären die Zeiten der destruktiven Auseinandersetzung mit den Traditionsbeständen vorbei. Auf die Wiederholung der avantgardistischen Destruktion könnte, ja müßte Koolhaas im Grunde verzichten. Denn wo nach seiner Überzeugung Instabilität und Zerfall die großen Städte inzwischen so sehr geprägt haben, da wäre eine dekonstruktive Architektur eine mögliche Haltung, diesen Sachverhalt jetzt *selbstreflexiv* zu thematisieren. Das setzt voraus, daß sich mittlerweile aufgezehrt hat, womit sich die Avantgarde in ihrer destruktiven Haltung in den ersten Jahrzehnten unseres Jahrhunderts als *Gegensatz* noch auseinandersetzt und herumgeschlagen hatte. Dann aber träfen in der von Koolhaas geforderten *Gestaltung des Zerfalls* die Modernisierungen und sie begleitenden nachteiligen Erscheinungen unserer Gesellschaft nunmehr auf sich selber.

Einer dekonstruktiven Architektur könnte es dabei unter Umständen gelingen, wieder in Erinnerung zu rufen, was mit dem Verschwinden der Destruktion zugunsten der verinnerlichten Ordnungsbilder an Bewußtsein abhanden gekommen ist.

3.

Adolf Loos hatte 1926 geschrieben: „Wenn die menschliche arbeit nur aus der zerstörung besteht, dann ist es wirklich menschliche, natürliche, edle arbeit".[6] In einem Artikel für die Frankfurter Zeitung greift Walter Benjamin vier Jahre später diese, wie er sagt, „denkwürdige Erklärung" von Loos auf:

„Allzulange lag der Akzent auf dem Schöpferischen. So schöpferisch ist nur, wer Auftrag und Kontrolle meidet. Die aufgegebene, kontrollierte Arbeit — ihr Vorbild: die politische und technische — hat Schmutz und Abfall, greift zerstörend in den Stoff ein, verhält sich abnutzend zum Geleisteten, kritisch zu ihren Bedingungen und ist in allem das Gegenstück zu der des Dilettanten, der im Schaffen schwelgt. Dessen Werk ist harmlos und rein; das Meisterliche verzehrend und reinigend. Und darum steht der Unmensch als der reale Bote realeren Humanismus' unter uns. Er ist der Überwinder der Phrase. Er solidarisiert sich nicht mit der schlanken Tanne, sondern mit dem Hobel, der sie verzehrt, nicht mit dem edlen Erz, sondern mit dem Schmelzofen, der es läutert. Der Durchschnittseuropäer hat sein Leben nicht mit der Technik zu vereinen vermocht, weil er am Fetisch schöpferischen Daseins festhielt. Man

muß schon Loos im Kampfe mit dem Drachen ‚Ornament' verfolgt, muß das stellare Esperanto Scheerbartscher Geschöpfe vernommen oder Klees ‚Neuen Engel', welcher Menschen lieber befreite, indem er ihnen nähme, als beglückte, indem er ihnen gäbe, gesichtet haben, um eine Humanität zu fassen, die sich an der Zerstörung bewährt."[7]
Loos und die ihm folgende Generation der Avantgarde hat die Radikalisierung der Moderne durch eine bewußte Destruktion in der Architektur betrieben. Der Kampf mit dem ‚Drachen Ornament' — er war eine solche Zerstörung tradierter ästhetischer Bilder und Gewohnheiten. Der *destruktive Charakter*, so Benjamin, „ist der Feind des Etui-Menschen. Der Etui-Mensch sucht seine Bequemlichkeit, und das Gehäuse ist ihr Inbegriff. Das Innere des Gehäuses ist die mit Samt ausgeschlagene Spur, die er in die Welt gedrückt hat."[8]
Loos zerstört die ornamentalen Spuren bürgerlich stillgestellten Lebens ebenso wie deren Ort, das bürgerliche Interieur. Lissitzky schreibt in den zwanziger Jahren: „Wir wollen den Raum als ausgemalten Sarg für unseren lebenden Körper nicht mehr."[9]
Man gewinnt den Eindruck, als zerstöre die Avantgarde mit ihrer Absage an das Ornament und die traditionelle Auffassung vom *Raum als Bild* (Lissitzky), was sie bereits für zerstört oder selber für zerstörerisch hält. Folgt man beispielsweise der Kritik John Ruskins[10] am industriell hergestellten Maschinenornament, so hatte die kapitalistische Warenproduktion und mit ihr die entfremdete Arbeit Originalität und Einmaligkeit der Ornamente bereits Mitte des 19. Jahrhunderts der Verdinglichung geopfert.
Die Menschen befreien und beglücken, indem man ihnen nimmt! Wie sonderbar! Aber auch das war Arbeit an der Zerstörung einer den seriell fabrizierten Ornamenten anhaftenden Illusion, sich dem abstrakten Gleichen in der kapitalistischen Gesellschaft entziehen zu können. Einer wie Loos hat in dieser Überzeugung gehandelt: „Seht, das macht die größe unserer zeit aus, das sie nicht imstande ist, ein neues ornament hervorzubringen. Wir haben das ornament überwunden, wir haben uns zur ornamentlosigkeit durchgerungen. Seht, die zeit ist nahe, die erfüllung wartet unser."[11]
Die Destruktion der Avantgarde folgt den Widersprüchen der kapitalistischen Gesellschaft und deren destruktiven Energien. Mit ihnen setzt sie sich auseinander, nicht um sie zu beseitigen, sondern um besser in ihnen bestehen zu können.
Auf den Zerfall der konkreten Gegenständlichkeit der Welt, wie ihn zum Beispiel Hugo von Hofmannsthal im „Chandosbrief" als Unfähigkeit der Sprache diagnostiziert, die Wirklichkeit noch weiterhin „mit

dem vereinfachenden Blick der Gewohnheit" zu fassen[12], reagiert Loos noch im gleichen Jahrzehnt, indem er die vormals einheitsstiftende Fassade als Bild durch *Dissonanz* zerstört. Sein 1910 errichtetes Wohn- und Geschäftshaus am Michaelerplatz widersetzt sich den gewohnten Erwartungen des vereinheitlichenden Blicks.

Die Anforderungen des modernen Lebens und die Beschädigungen, die die Gesellschaft ihren Mitgliedern antut, können mit dem Begriff des in all seinen Teilen durchgeformten Werks nicht mehr thematisiert werden. Das meinte im Grunde Loos, als er 1903 den Sezessionisten Realitätsferne vorhielt, weil sie glaubten, dem entfremdeten Leben durch eine absolute, ornamentale Raumästhetik sein ursprünglich Lebendiges und Einmaliges zurückgeben zu können: „Schildert einmal, wie sich geburt und tod, wie sich die schmerzensschreie eines verunglückten sohnes, das todesröcheln einer sterbenden mutter (...) in einem Olbrichschen schlafzimmer abspielen und ausnehmen."[13]

Die Avantgarde ist damals vom Zerfall der Sprache ebenso ausgegangen wie von einem allgemeinen Persönlichkeitsverfall des autonomen bürgerlichen Subjekts. Das alte Bild der gefestigten, stimmigen Persönlichkeit ist im modernen Großstadtleben dysfunktional geworden. Bereits Otto Wagner rechtfertigte die „Uniformität der Miethäuser" mit den „täglich einander ähnlicher werdenden Lebensweisen der Menschen"[14]. Und Loos schreibt nur wenige Jahre später: „Schämen wir uns doch nicht der Tatsache, in einem Haus mit vielen anderen, uns sozial gleich gestellten Menschen zur Miete zu wohnen."[15]

Mit der sich darin manifestierenden Anonymität des Großstadtlebens geht ein Verlust an Erfahrung einher. Gleichzeitig ist der Großstadtmensch mit einem raschen Wechsel einer ganzen Fülle von Ereignissen konfrontiert, die zu ordnen und zu verarbeiten ihm keine Zeit bleibt.[15a] Den ästhetischen Schein trugvoller Bilder einmaliger Erfahrung zerstört die Avantgarde in ihren Werken. Architektur bietet keinen Ersatz. Das Schöpferische ist der Verzicht.

4.

An der durch Helmut Lethen unlängst erneut in Erinnerung gerufenen *Kälte*metapher[16] wird deutlich, wie weit die Avantgarde vor allem in den zwanziger Jahren die gesellschaftliche Entfremdung und die Erfahrungsarmut durch Architektur absichtsvoll zu intensivieren meinte. Georg Hirth hatte 1891 von der künstlerischen Gestaltung gefordert, sie müsse „das wärmende Herz der Häuslichkeit" sein. Die Avantgarde

hat davon nichts mehr wissen wollen. Die Ausgestaltung des Hauses, so Walter Gropius 1926 in einem Bauhaus-Manifest, ist nur eine Sache des Verstandes und nicht der Leidenschaft und des Gefühls. Hinter solchen und ähnlichen Äußerungen verbarg sich eine Erziehung zur Trennung von den so überheizten Stuben des 19. Jahrhunderts. Die Wohnungen sollten tatsächlich *auskühlen*. Räume symbiotischer Wärme lehnt die Avantgarde rigoros ab. Stattdessen entwirft sie Räume, in denen die psychische Konstruktion des Menschen dazu disponiert werden soll, die Kälte des zivilisatorischen Prozesses so zu ertragen, daß er sich mit Erfolg in ihn einschalten kann.
Es sind dabei Räume entstanden, die den Menschen in der Tat weniger mit Gefühlen erfüllen als ihn auf nachhaltige Art durch Denken den Zuständen entfremden, in denen er lebt. Es ist der kahle, an Erfahrung sichtbar arme Raum, wie ihn beispielsweise Hannes Meyer 1926 mit seinem „Co-op Interieur" oder Wittgenstein mit der für seine Schwester in Wien errichteten Stadtvilla vorstellen. Es sind spurenlose Durchgangsräume, Räume des kühlen Verstandes und nicht der erhitzten Leidenschaften. Sie scheinen für einen Menschen geschaffen, von dem Benjamin sagt, es sei „ein reduzierter (...), in einer kalten Umwelt kaltgestellter" Mensch.[17]
Die Art und Weise, wie hier die Sinne geschult werden, hat etwas von einer strategischen Antwort auf die ungebrochene Konstanz der Entfremdung in der kapitalistischen Gesellschaft.
Diese Vision eines vom Ballast unzeitgemäßer Erfahrungen befreiten, spurenlosen Wohnens in transparenten Durchgangsräumen könnte den Eindruck erwecken, die Menschen bereiteten sich darin auf eine größere Mobilität und einen rascheren Orts- und Identitätswechsel vor. Durchrationalisierte Wohnungen mit ihren seriell gefertigten Einbaumöbeln und den technisch standardisierten Einbauküchen verwischen bereits den individuellen Charakter des Ortes.
Aber zu diesen Modernisierungen der Lebensstile war die Avantgarde überhaupt nur in der Lage, weil sie sich des Mittels der aufbauenden Technik bediente, der sie bedingungslos vertraute. Die Technik ist für die Avantgarde Planung und Konstruktion, die sie hoffnungsvoll an die Stelle der abgestürzten Erfahrungen setzt. Die destruktiven Energien der Avantgarde richteten sich daher auf die umfassende Durchsetzung von Technik als einer neuen, das Leben organisierenden Idee. Die Avantgarde wäre damals in der Architektur nie soweit gegangen und hätte sich der Destruktion ausgesetzt. Komplementär stand ihr immer die Sicherheit bietende eigene Planungsrationalität zur Seite.
Wie weit sie dieser Rationalität affirmativ verhaftet blieben, ist wohl

nur wenigen Avantgardisten bewußt gewesen. Am ehesten hat das gegen Ende der zwanziger Jahre noch Josef Frank gesehen. Gegen die, wie er sagt, „Menschenfresserarchitektur" setzte er sich, allerdings zu spät, für eine Moderne der *Unordnungen* ein.[18]
Zu sehr war man mit der Modernisierung der Tradition und der Symbolisierung dieses Prozesses beschäftigt, um die nun selber ausgelösten Zerstörungen zu begreifen. Die unbestreitbar notwendige Beseitigung des Mangels im Wohnungs- und Siedlungsbau mag da erklären helfen, weshalb man die Reduzierungen bis hin zum Existenzminimum in Kauf genommen hat.
Walter Riezler schreibt zur Werkbundausstellung 1924: „Die stereometrische Form: intellektuell, kühl, hell, wach, kristallisch, bändigt alles Triebhafte durch Vernunft, unterwirft jedes Ding einer strengen, rationalen Gesetzmäßigkeit."[19] An diesem Punkt verläßt die Avantgarde die in der Destruktion enthaltene Dialektik und unterwirft sie einem vorausgegriffenen Ziel. Die eingangs erwähnte „Würde des Bruchstücks" und des verletzten, beschädigten Gebildes hätte darin keinen Platz mehr gefunden. Es ist dies ein Widerspruch innerhalb der Moderne, den die Avantgarde als Erbe an uns weitergereicht hat.
Mit scheint, daß ein sich an der Dekonstruktion orientierendes Architekturverständnis dieses Erbe produktiv aufgreifen könnte. Denn es reflektiert einen grundsätzlichen Wandel in unserer Einstellung zur uneingeschränkten Autorität von wissenschaftlicher Vernunft und technologischer Rationalität: Es ist der Verlust des blinden Vertrauens in deren zukunftsverheißende Glücksversprechen.[20] Die Planungsrationalität bietet schon längst keine Sicherheit mehr. Als Ordnungsfaktor hat sie verspielt. Sie ist aber auch nicht mehr wegzudenken. Wohl auch deshalb ist die Dekonstruktion, wo sie sich mit der Destruktion befaßt, lange nicht so risikobehaftet, wie das einige Werke der dekonstruktiven Architektur (Coop Himmelblau) suggerieren.
Die Avantgarde griff auch deshalb zum Mittel der Destruktion, um — wie *Das Neue Frankfurt* um Ernst May[21] — in den noch jungen, vom späten 19. Jahrhundert geprägten und als chaotisch empfundenen Großstädten zu homogenen Strukturen zu gelangen. Über dieses Ziel als Illusion setzt sich Koolhaas inzwischen hinweg. Seine Kritik an den IBA-Planungen belegt das. Was Koolhaas sucht, ist eine strategische Antwort auf die vielfältigen, nicht mehr einheitlichen Lebenslagen. Darin ist ein Bekenntnis zur vitalen Identitätslosigkeit der Metropole und ihrem multikulturellen Charakter enthalten.
Wo sich die Avantgarde beschränkte, weil ihr Blick, historisch notwendig, noch zu sehr auch auf den Gegner gerichtet war, kann und muß

sich die Dekonstruktion nun mit den Beständen der Modernisierungen auseinanderzusetzen. Ihr Blick ist nicht auf die Überwindung eines ungleichzeitigen gesellschaftlichen und kulturellen Zustands gerichtet. Sie bewegt sich in der Gleichzeitigkeit heterogener, nicht in Übereinstimmung zu bringender Strukturen. Deshalb sind Architektur- und Planungsvorstellungen mit den Überlegungen von Koolhaas unvereinbar, in denen Ordnungsbilder entworfen werden, die als Ziele den Handlungen vorausgreifen. Ordnungen, die Erfahrungen für uns im städtischen Kontext vorab entscheiden wollen, widersetzt sich dekonstruktive Architektur. Dabei werden die funktionalen Bilder des ehemals avantgardistischen Technikverständnisses entzaubert. Deren Perfektion und Ernsthaftigkeit thematisieren die dekonstruktiven Bauten durch Störungen und durch Andeutung des Riskanten. Ich bin mir allerdings darüber im Klaren, daß diese „Störungen" nun ihrerseits so sehr ästhetisch überhöht und zu einem intellektuellen Spiel verformt werden können, daß — wie z. B. im Werk von Frank Gehry — gerade das wiederzugewinnende historische Bewußtsein unter der so glatt polierten Oberfläche des ästhetischen Reizes verborgen bleibt.

5.

Rückblickend erscheint die Arbeit an der Destruktion des Ornaments und am Verzicht auf das ästhetisch durchgeformte, geschlossene Werk sowohl der Konstruktion als auch ihrer dekonstruktiven Selbstreflexion notwendig vorausgegangen zu sein. Wo sich im Jugendstil noch zu Beginn des Jahrhunderts die Ornamente stilisierend über das sichtbar Gemachte legten, werden dessen Fugen und Bruchstellen an der technischen Form durch die Avantgarde überhaupt erst anschaulich dem Bewußtsein zugeführt.
Die historische Ferne läßt uns heute allerdings kaum mehr die Anstrengungen nachvollziehen und begreifen, die als destruktive Energien einmal erforderlich waren, um die zur Lüge erstarrten Masken der kunstvollen Formgebilde in der Architektur durch Konstruktion zu ersetzen. Walter Benjamin sah das bereits zu Beginn der dreißiger Jahre bestätigt, da niemand mehr die Notwendigkeit hätte fassen können, die Männer wie Karl Kraus und Adolf Loos zu Berserkern werden ließ. Die Menschen seien der „destruktiven Seite der Dialektik bereits entfremdet"[22].
Geändert hat sich daran bis heute wenig. Die Dekonstruktion in der Architektur könnte davon allerdings wieder etwas zurückgewinnen.

Wie dringend das inzwischen geworden ist, erhellt beispielhaft die Diskussion um die Errichtung und Einrichtung eines „Deutschen Historischen Museums" auf dem Gelände des Spreebogens in Westberlin. Hier wäre eine Ahnung von dem zu gewinnen, wozu die dekonstruktive Haltung fähig sein müßte: In letzter Konsequenz überhaupt auf Architektur verzichten zu können.
Das Paradoxe im Falle des ehrgeizigen Museumsprojekts ist, daß es eine Geschichte ausstellen will, die es zerstört, wenn es architektonisch den historischen Ort besetzt, der als sein Standort vorgesehen ist. Die beiden Berliner Architekten Zillich und Halfmann haben das begriffen, wenn sie sagen: „Der Ort ist das Museum. Der Drang nach nationaler Größe hat den Naturraum des Spreebogens wiederhergestellt. Der strapazierte Stadtbogen hat Ruhe verdient. Der Ort an dem die Republik ausgerufen wurde, gehört denen, die ihn sich bereits angeeignet haben, den Menschen."
Der durch Geschichte gebrochene, fragmentierte und leer gelassene, aber von Menschen wieder neu und nicht eindeutig angeeignete Ort bedarf nicht der Umwandlung in einen gesicherten, festen Ort. Wenn Koolhaas davon spricht, er denke erst zu allerletzt an Architektur, sondern in Szenarien, dann hätte die Architektur hier bestenfalls die Aufgabe, den vorgefundenen widersprüchlichen Ort deutscher Geschichte zu inszenieren, statt ihn zu besetzen.
Eine Architektur, deren Werkbegriff sich an der Dekonstruktion orientiert, wäre in der Lage, solche Orte, solche Situationen zu *verstehen*. Wo sich dieser Begriff immer nur am fest umrissenen Werk bildet, muß Architektur versagen. Dessen Logik will auch dort noch Sicherheiten schaffen, wo längst Thematisierung und Steigerung des Disparaten gefordert sind.
Der kalkulierte Verzicht auf Architektur müßte innerhalb der Dekonstruktion eine ihrer möglichen Antworten auf den städtischen Raum sein. Es ginge dabei fürs Erste mehr um Einsicht und veränderte Haltungen als hier und jetzt bereits um eine konkrete andere Architektur. Wo Szenarien allererst interessieren, da kann Architektur im herkömmlichen Sinne ohnehin nicht mehr die einzige Antwort des Architekten sein. Denn was für den Ort als Museum, der auf das Museum gerade nicht angewiesen sein muß, zutrifft, das müßte auch für den Ort als leeres Zentrum einer Stadt gelten. Koolhaas in einem Interview auf die Frage, ob seine Geschichte in Rotterdam beginne: „Ja, da wurde ich geboren. Meine Eltern wohnten am Rande des Kraters, der das Zentrum nach der Bombardierung ersetzt hatte."

6.

Der destruktive Charakter will eigentlich nicht wissen, was an die Stelle des Zerstörten tritt. Für den Augenblick interessiert ihn nur der leere, der freie Raum. In gleicher Weise stößt er sich, wie etwa Adolf Loos, vom „hergebrachten, feierlichen, edlen, mit allen Opfergaben der Vergangenheit geschmückten Menschenbild ab, um sich", so Walter Benjamin, „dem nackten Zeitgenossen zuzuwenden, der schreiend, wie ein Neugeborenes in den schmutzigen Windeln dieser Epoche liegt"[23].

Es ist die Bereitschaft, sich zur tatsächlichen Armut an Erfahrung zu bekennen, um von dem aus, was noch geblieben ist, neu aufzubauen. Deshalb steht auch die Destruktion der Avantgarde perspektivisch im Zeichen der Konstruktion. Aber auch der dekonstruktive Charakter sucht den leeren Raum. Nur sieht er sich dabei heute nicht mehr mit dem großen Schöpferischen konfrontiert, sondern mit den Fragmentierungen und den sich widersprüchlich und unvereinbar überlagernden Strukturen des großstädtischen Raumes.

Die Dekonstruktion zerstört nicht länger in sich geschlossene Harmonien, um mit den neu gewonnenen technischen Formen die Modernität des Lebens symbolisch zu veranschaulichen. Was der dekonstruktive Charakter heute sucht, das ist die Auseinandersetzung mit dem Zerstörten, das er sogar bis an den Punkt seiner Auflösung treibt, da ihn selbst die Fragmente noch zu stören scheinen.

Wenn Benjamin von dem durch Destruktion freigeräumten, leeren Raum und Platz sagte, es werde sich schon einer finden, der ihn braucht, ohne ihn einzunehmen, dann wirkt etwas von dieser abwartenden Haltung und konzentrierten Gelassenheit in den Einstellungen von Koolhaas nach. Tatsächlich könnte es dem dekonstruktiven Charakter zum Vorteil gereichen, vom Druck bzw. der Illusion befreit zu sein, den Verlust an Erfahrung durch Planung und Organisation zu überwinden. Die Avantgarde konnte nicht destruktiv sein, ohne nicht im gleichen Augenblick Rezepte für das Neue als Ziel ihres Handels bereitzustellen. So war auch nicht ihr eigentliches Thema die Destruktion. Sie war ein Weg. Die Dekonstruktion aber sieht in der Destruktion ihr Thema, mit dem sie sich befaßt.

Das ist wohl auch der Grund, weshalb die dekonstruktiven Bauten gegenwärtig mit den Spuren der Zerstörung arbeiten. Im Gegensatz zur avantgardistischen Architektur die über ihre Destruktion immer zu einer in sich konstruktiv logischen bzw. rationalen Gestalt fand.

Anmerkungen

1 Werner Hofmann, der Tod der Götter, in: Buddensieg/Rogge (Hg.), Die Nützlichen Künste, Berlin 1981, S. 40 f.
2 P. Johnson und M. Wigley, Dekonstruktivistische Architektur, Stuttgart 1988, S. 10—20
3 Michael Müller, Architektur und Avantgarde, Frankfurt/M. 1982², S. 145. Zu Walter Benjamin siehe die Aufsätze „Der destruktive Charakter", „Erfahrung und Armut" und „Karl Kraus" in: W. Benjamin: Illuminationen, Frankfurt/M. 1961, S. 310 ff., S. 313 ff. und S. 374 ff.
4 Siehe das Interview mit Rem Koolhaas in ARCH+, Heft 86, August 1986, S. 34 ff.
5 Rem Koolhaas, Die Illusion der Architektur, in: ARCH+, Heft 86, S. 40.
6 Vgl. Adolf Loos, Die moderne Siedlung (1926), in: Adolf Loos, Sämtliche Schriften I, Wien/München 1962, S. 403
7 W. Benjamin, Illuminationen, S. 407
8 A. a. O., S. 311
9 El Lissitzky, 1929 Rußland: Architektur für eine Weltrevolution. Berlin/Frankfurt/M. und Wien 1965, S. 121
10 John Ruskin, Die Sieben Leuchter der Baukunst, Werke Bd. 1, Leipzig 1900, u. a. S. 99 ff. und S. 316 f.
11 Adolf Loos, Trotzdem, Wien 1931, S. 80
12 Hugo von Hofmannsthal, Brief an Lord Chandos, in: Hofmannsthal, Prosa II, Frankfurt/M. 1951, S. 7—22, hier S. 14
13 Adolf Loos, Trotzdem, S. 43
14 Otto Wagner, Moderne Architektur, Wien 1896, 1898², S. 97
15 Adolf Loos, Die Potemkinsche Stadt (1898), Wien 1983, S. 57
15a Walter Rathenau hat dies 1912 zu beschreiben versucht: „Das Beängstigende der Bilderflucht sind ihre Geschwindigkeit und Zusammenhanglosigkeit. Bergleute sind verschüttet: flüchtige Rührung. Ein Kind mißhandelt: kurze Entrüstung. Das Luftschiff kommt: ein Moment der Aufmerksamkeit. Am Nachmittag ist alles vergessen, damit Raum im Gehirn geschaffen werde für Bestellungen, Anfragen, Übersichten. Für die Erwägung, das Erinnern, das Nachklingen bleibt keine Zeit". (W. Rathenau: Zur Kritik der Zeit, 1912, S. 89)
16 Helmut Lethen, Lob der Kälte. Ein Motiv der historischen Avantgarden, in: Kamper/v. Reijen (Hg.), Die unvollendete Vernunft. Frankfurt/M. 1987, S. 282—324
17 W. Benjamin, Versuche über Brecht, Frankfurt/M. 1966, S. 113
18 Josef Frank, Architektur als Symbol (1931), Wien 1981, S. 133 ff.
19 W. Riezler, Form ohne Ornament, Berlin/Leipzig 1924, S. 9
20 Ulrich Beck, Risikogesellschaft. Auf dem Weg in eine andere Moderne, Frankfurt/M. 1986
21 Vgl. Mohr/Müller, Funktionalität und Moderne. Das Neue Frankfurt und seine Bauten 1925—1933, Frankfurt/M. und Köln 1984, S. 163 ff.
22 W. Benjamin, Illuminationen, S. 405
23 A. a. O., S. 315

Mit Dekonstruktion gegen Dekonstruktion

Adolf Max Vogt

Gute fünfzig Jahre lang, von 1917 bis rund 1968, blieb ein wichtiger Teil der westlichen Architektur einer bestimmten Doktrin verpflichtet, die sich selbst als „Moderne" oder „Avantgarde" bezeichnet hat. Diese Konstanz ist erstaunlich genug für ein derart nervöses Jahrhundert wie das unsrige. Doch mit der Postmoderne haben sich nun die Theorien zu überschlagen begonnen. Ausgerechnet die Bautheorie, die sich stets als Schwester der Philosophie verstand und mit ihr zusammen erhöhte Ansprüche auf Dauer und Dignität zu stellen gewohnt war, ist nun womöglich noch modischer geworden als die Baupraxis selber. Philosophen und Architekturtheoretiker, die früher *vom Dach des Weltgebäudes herab* zu uns gesprochen haben, stehen heute am *Kiosk*.
So wenigstens nimmt es sich zunächst aus in Sachen „Dekonstruktion", und eine gehörige Dosis Ärger vor dem Befremdlichen bleibt keinem erspart. Indessen: Das Schlagwort selber ist nicht neu. Jacques *Derrida*, der französische Literaturkritiker und Philosoph, hat es *vor mehr als zwanzig Jahren* in seinem Buch „*De la Grammatologie*" (Paris 1967) erstmals vorgeschlagen. Bald wurde es bei den Literaturtheoretikern zum umstrittenen Kenn- oder Schwammwort – je nach Gruppenzugehörigkeit oder Blickwinkel.

1 Können die nonverbalen Künste eine Text-Theorie übernehmen?

Derrida versucht als Kritiker von philosophischen und literarischen Texten die unterlegten Werthierarchien der Autoren zu erkennen und zu demaskieren. Was bringt beispielsweise einen Husserl (der vor allem für den jüngeren Derrida von großer Bedeutung ist) dazu, seine Schlußfolgerungen und Grundprinzipien mit derartiger hierarchisch stufender Bestimmtheit vorzutragen? Derrida entwickelt Methoden, um dessen Texte sowohl „mit Husserl" als auch „gegen Husserl" zu lesen – also gegen den Strich einerseits, mit Empathie andererseits. Alois Martin Müller beschreibt diesen Vorgang, der von Derrida als die „Schicht-Arbeit der Dekonstruktion" bezeichnet wird, auf plastische Weise, so daß eine Vermittlung zustande kommen kann zwischen dem abstrahierenden Räsonnement der Textkritik und dem bildhaften Anschauungsdenken der nonverbalen Domäne: „Die Texte werden (von Derrida) nicht nur verschieden interpretiert, sondern durch Interpretationen *dazu gebracht, ihre verborgenen und verdeckten Inhalte preiszugeben.* Sie liegen gleichsam auf der Couch und werden nach ihren Verdrängungen befragt. Es stellt sich dann heraus, daß die Texte, sofern sie Wahrheit sein wollen, gerade nicht zeigen können, wie die Wahrheit anwesend oder abwesend ist. Sie können das Erblicken und Aus-dem-Blickfeld-Verschwinden von Wahrheit nicht beschreiben. Derrida sagt, er spüre den *blinden Fleck im Auge des Autors* auf, den Punkt, von dem aus dieser sieht und den er deshalb selbst nicht sieht. Die Texte werden also von der *Binnenperspektive des Autors* her betrachtet, unter ständigem Perspektivenwechsel. Das Ziel des Vorgehens ist nicht ein Verstehen im Sinne einer Verschmelzung der Horizonte, sondern das Herausarbeiten der *Unterschiede.* Die Gleichzeitigkeit von Anwesenheit und Abwesenheit, von Leben und Tod, Positiv und Negativ wird als offene Möglichkeit gedacht, die unter keinem Prinzip steht und deshalb verschiedene Mischverhältnisse zuläßt. Dekonstruktion zerstört nicht, sondern versucht, den Antrieben und der Konstruktion von *Ursprungsdenken, Urgründen und Grundwahrheiten* auf die Schliche zu kommen. Sie bewegt sich in Zwischenräumen und ist als Denken selbst unterwegs in Zwischenräumen, um herauszufinden, wer und wo wir sind, wenn wir keine festen Bedeutungen mehr annehmen."[1]

Falls ich aus der Ferne meines Fachs (das Nonverbalem zugewendet ist) richtig beobachte, haben sich die Sprachbeflissenen über diese langen Jahre hin *nicht etwa* über Derridas „Schicht-Arbeit" *geeinigt,* sondern lediglich *geographisch gruppiert.* Begeistert bis zum Überschwang sind die Amerikaner, die eine eigene Zeitschrift mit dem Titel „Diacritics" für die Derrida-Nachfolge eingerichtet haben. Skeptisch bleiben die Europäer, vorab die deutschsprachigen. Und sie haben gute Gründe: Derrida ist für sie *bei weitem nicht jene isolierte Erscheinung,* als die er in der angelsächsischen Präsentation erscheint. Vielmehr setzt er, wie ich später zeigen möchte, eine Tradition fort, die spätestens um die Jahrhundertwende virulent wird und sich seither ununterbrochen behauptet hat: die *Tradition der sogenannten Entmythologisierung und Subversion.*

Mit der Ausstellung „Deconstructivist Architecture" vom *Sommer 1988 in New York* ist nun der Anspruch erhoben, daß Dekonstruktion (als Strategie oder Methode des Verstehens von Texten) *auch übertragen werden könne auf körperliche Artefakte.* Nur schon deshalb, weil Texte sich im Nacheinander der Zeit erstrecken, Körper aber im Nebeneinander des Raums, sind Bedenken hinsichtlich der Übertragbarkeit — gewissermaßen aus dem Feuchten der Sprache ins Trokkene der Körper im Raum — nicht so leicht und auf alle Fälle nicht salopp von der Hand zu weisen.

Kann eine Schichtarbeit, die auf Wörter und deren Verflechtung zu Texten bezogen ist, auch sinnvoll sein in Gebieten, wo nicht Text gegeben ist, sondern Kontext in räumlicher oder flächiger Anordnung, das heißt, als Gruppierung von Gebilden oder Bildern? Diese Frage allein schon ist, aus erwähnten Gründen, heikel genug.

Nun wurde sie aber, im Sommer 1988, durch die Architekturausstellung in Manhattan dramatisch zugespitzt: Denn sie betrifft jetzt nicht nur den Kritiker und Interpreten — dort von Texten, hier von Nonverbalem —, sondern den entwerfenden Architekten selbst. Dieser kann seinen Anspruch auf Dekonstruktion nur dann stellen, wenn er seine Arbeit mit der Arbeit des Kritikers eindeutig verknüpft und erklärt: „Auch ich bin Interpret." (Nicht ganz unähnlich früheren Forderungen, die etwa hießen: „Anch'io sono pittore.").

Dekonstruktion beim Kunstkritiker und beim Architekten ist also nochmals zweierlei, sofern die alte und nun wohl teilweise obsolete Differenz zwischen Kritiker und Gestalter aufrechterhalten bleibt. Angesichts dieser Mehrschichtigkeiten beschränke ich mich darauf, fünf Punkte vorzulegen, die als skizzenhafte Verdeutlichungsversuche zu verstehen sind.

Erstens: Die erwähnte Ausstellung „Deconstructivist Architecture" hat, soweit ich sehe, viel Interesse, aber auch ein beträchtliches Maß an Ärger und Provokation ausgelöst. Ich kann nicht leugnen, daß ich einen Teil der Vorwürfe teile:

— Irritation darüber, welche Architekten überhaupt ausgewählt, welche übergangen wurden;
— Irritation über eine zu knappe und knauserige Raumzuteilung (lediglich zwei kleine Säle), die den Eingeladenen keine Chance ließ, sich deutlich zu erklären;
— Irritation über offenkundige Schwächen in der Argumentation des Katalogs, wie ihn Mark Wigley verfaßt hat;
— Irritation darüber, daß Philip Johnson als Schirmherr des Ganzen auftreten konnte. Johnson ist ja nicht nur der Figaro jeder beliebigen Stilübernahme, er ist auch einer der Häuptlinge jener großen amerikanischen Strömung, die Architektur grundsätzlich als die höchste und aufwendigste Form von Werbung betrachtet, damit auch in jedem Fall für *kurzfristige Verklärung* optiert — was be-

kanntlich das Gegenteil von Aufklärung darstellt. Dadurch wurde die Gruppe, die auf ihre Weise aufzuklären sucht, gleichzeitig herausgestellt und entwertet, gelobt und sanft lächerlich gemacht, hofiert und unauffällig annulliert.
Zweitens: Hätte man dieser Gruppe einschließlich der wichtigsten unter den Übergangenen mehr Raum zugesprochen, so hätte sich erweisen müssen, um was es geht — um eine *Architektur der artikulierten Konflikte*. Der Protest der Dekonstruktiven richtet sich mit guten Gründen darauf, daß eine echte Konfliktformulierung in der Bewegung der Moderne lediglich im ersten Jahrzehnt stattfand, daß aber spätestens 1928 jegliche sichtbare Konfliktverarbeitung gekappt wurde zugunsten einer Architektur der Idealisierung und der voreiligen Harmonisierung. Berühmteste Beispiele dafür: im Westen die Villa Savoye von Le Corbusier, im Osten die beiden Projekte für eine Lenin-Bibliothek — einerseits das von den Gebrüdern Wesnin, andererseits das von Ivan Leonidow —, alle drei entworfen 1927/1928. Sie markieren den Übergang zur „klassischen" Moderne — und zugleich den Zeitpunkt, von dem an jene Architekten, die weiterhin Konflikte gestalten wollten (anstatt sie zu verleugnen) kaum mehr auf Wirkung hoffen konnten — ich denke an Tatlin, Rodschenko und El Lissitzky, an Hannes Meyer, Hans Schmidt und Mart Stam, aber auch an Hugo Häring und Hans Scharoun.
Drittens: Diese frühe Abkehr der Architektur der Moderne: weg von der Auseinandersetzung und hin zur harmonisierten Utopie, ist doppelt merkwürdig, weil sie sich so scharf abhebt von dem, was damals gleichzeitig in den Nachbarkünsten und in den Geisteswissenschaften vor sich ging. Nachbarkünste: um nur an Picasso zu denken, der ein Leben lang Konfliktmalerei betreibt — ganz im Gegensatz zu seinem Generationsgenossen Le Corbusier, der von 1928 an der utopischen Idealisierung frönt und erst nach dem Zweiten Weltkrieg zurückkommt auf das Artikulieren von Konflikten. Geisteswissenschaften: Ihre wichtigsten Vertreter wenden sich, trotz enormen Widerständen aus der Bourgeoisie, dem Aufspüren und Aufdecken von Konflikten zu. Unter den Kennworten „Entmythologisierung" und „Subversion" sind vier aufeinanderfolgende Generationen am Werk, von Sigmund Freud über Rudolf Bultmann bis zu Roland Barthes, von den ersten Frauenstudien, die der Entmythologisierung des Patriarchats den Weg öffnen, bis zur vierten Generation von Subversiven, zu der, neben Kristeva und Derrida, auch Habermas und Theunissen gehören. Warum hat die Architektur, ganz im Gegensatz etwa zur Malerei, von dieser pionierhaften Konflikt-Arbeit seit Freud kaum Kenntnis genommen und sich abgesetzt

in jene Schwebe-Träume, die sich in einer Utopie der harmonisierten Perfektion verlieren?[2]

Viertens: Für konfliktbewußte Architekten — ich denke hier an Rem Kolhaas und Bernard Tschumi — kann der euklidisch reine oder der cartesianisch reine Würfel nicht das Ganze sein. Tschumi versucht im Park de la Villette in Paris, der sich im Bau befindet, die konventionelle, idealisierende Baugeometrie zu beschädigen, indem er die beiden alten Vorbilder, den englischen Garten und den französischen Garten, einander attackieren läßt. Die Flächen der Kanal-Landschaft, die Linien der Wege und Stege und die Punkte der roten Pavillons werden dadurch gestört. Wie ernst ist die Störungsfront? Ist sie mehr als ein Theaterdonner? Die Störungsfront über La Villette hat den Ernst des konfliktintensiven Spiels. Und derartiges Spiel hat, frei nach Hegel, mitunter einen höheren Ernst als das Leben selbst. Tatsächlich sind Tschumis Galerien unter dem Wellendach aus Wellblech und die roten „beschädigten" Würfelpavillons immer auch zugleich so spielhaft, daß sie der Kinderwelt ohne Umschweife nahekommen. Man weiß ja und glaubt sich zu erinnern: Die Kinderwelt ist nicht eine harmonisierte Sphäre, sondern eine krude, ungeschönte Welt ohne Utopien, in der Wünsche und Ängste unvermittelt aufeinanderstoßen. Deshalb wird kein Kind gegen den beschädigten Würfel etwas einzuwenden haben, — im Gegenteil, es wird mit ihm spielen.[3]

Fünftens: Derrida sucht den „blinden Fleck im Auge des Autors" aufzuspüren, den Punkt also, von dem aus der Autor sieht und den er folglich selbst nicht sieht. Nun ist, aus der Distanz der nonverbalen Hervorbringungen gesehen, Derrida selbst mit mindestens einem blinden Fleck behaftet, und dieser betrifft die hierarchische Installation des Wortes hoch über allen übrigen Mitteln des Ausdrucks, die Menschen zu Gebote stehen. Es gibt ja nicht nur den versteckten Konflikt zwischen Reden und Schreiben, wie ihn Derrida so eindrucksvoll aufdeckt — es gibt den viel weiter gespannten Konflikt (der Rangordnung) zwischen beredter und stummer Hervorbringung, das heißt, zwischen der Wortebene und der Anschauungs- und Tastebene, als Wortmächtigkeit hier und Bildbemächtigung dort. Hat Derrida in den letzten Jahren den Kontakt zu Architekten gesucht, weil ihn diese „niedere" Welt des Nonverbalen heimlich oder auch unbewußt anzieht? Warum hat er dann nicht versucht, deutlicher aus den Spiegelspielen der Wortbedeutungen auszusteigen (und dann beispielsweise mißglückte, weil phonetisch unsorgfältige Bedeutungsspiele wie „Hegel/Aigle" endgültig hinter sich zu lassen)? In der Tat sind nonverbal orientierte Berufe wie der des Architekten auf ein „Penser avec les mains" (Denis de Rougemont) ange-

wiesen, welches das Tasten und Berühren, den Miteinbezug des Andern, damit auch den Begriff der Arbeit und besonders den der Teilung der Arbeit einschließt.
Ein erster Schritt auf dem Wege der Dekonstruktion falscher hierarchischer Blockierungen zwischen Wortzone und nonverbalem Bereich wird sein, den Unterschied zwischen Strich oder Riß des *Schreibers* und Strich oder Riß des *Zeichners* (Entwerfers) auszuarbeiten. Sie sind grundsätzlich verschieden und markieren eine mindestens so gewichtige Differenz wie die zwischen Reden und Schreiben — doch Derrida scheint das nicht zu erkennen. Sein blinder Fleck läßt ihn, zumindest in dieser Sache, immer noch von Heidegger abhängig sein, der den Unterschied ebenfalls nicht wahrhaben wollte.

2 Goethe, Boullée und das Skandalon der gleitenden Skala

Im zweiten Teil meines Aufsatzes wende ich mich von der aktuellen Situation weg und befasse mich mit der Phase des „Sturm und Drang" im 18. Jahrhundert. Die Begründung dafür ist doppelter Natur: Einerseits ist das mein eigenes Forschungsgebiet; andererseits hat Derrida in der *Grammatologie* seine Theorie der Dekonstruktion vor allem an der Lektüre von Jean-Jacques Rousseau entwickelt — und Rousseau ist eine Hauptfigur des 18. Jahrhunderts, die auch in meiner Darstellung eine zentrale Rolle spielt.

„Esprit de Géométrie"

Jacques Louis David gilt in Frankreich als der Revolutionsmaler par excellence. Tatsächlich war er politisch engagiert. Er war Mitglied der Convention, er stimmte für den Tod des Königs, er unterstützte Robespierre und er wurde nach dem 9. Thermidor eingekerkert. Und, was persönlich und beruflich besonders charakteristisch ist, er war mitbeteiligt an der Abschaffung der Kunst-Akademien.
Davids „Schwur der Horatier", 1784, also fünf Jahre vor Revolutionsausbruch, gemalt, gilt als Meisterstück des neuen Geistes: kein Ornament, nichts Überflüssiges, Askese. Sonderbarerweise kommt aber dieser Geist der Purifikation, gesteigert zur geometrisch-feinen Form, erst ganz zur Artikulation in „Marat assassiné" (Abb. 1). Dieses Bild ist das grausamste, das David gemalt hat. Doch es enthält auch das reinste Objekt, das David je gemalt hat.

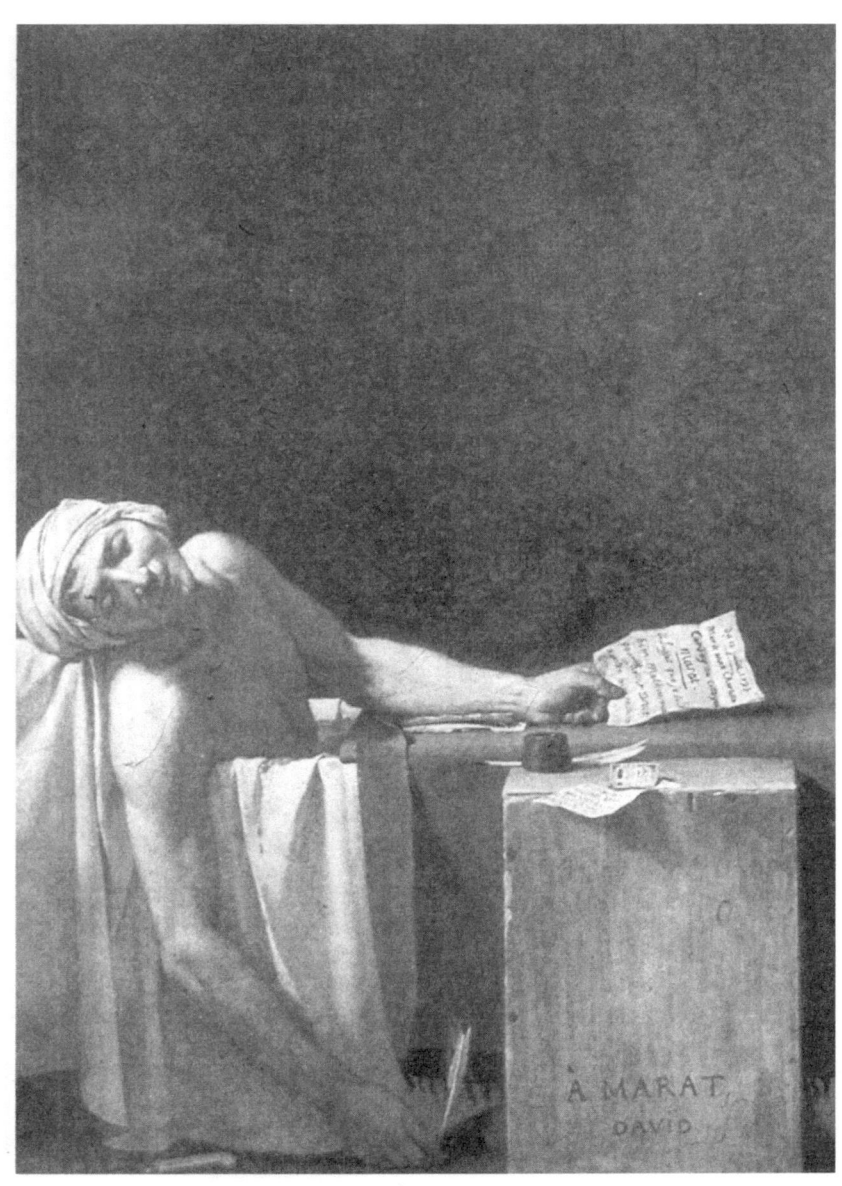

1 Jacques Louis David: „Marat assassiné" (1793)

Baudelaire hat „Marat assassiné" besonders verehrt. Für ihn ist es Davids Meisterwerk überhaupt. Was für Gründe gibt er an? „Ceci est le pain des forts et le triomphe du spiritualisme; cruel comme la nature, le tableau a tout le parfum de l'idéal."[4] („Dies ist das Brot der Unerschrockenen und der Triumph der Geistigkeit; dieses Bild ist grausam wie die Natur und hat den vollen Glanz des Idealen.") Baudelaire gehört nicht zu denen, die den Begriff des „Idealen" ständig und leichtfertig im Munde führen. Er muß seine Gründe haben für diesen Ausspruch bei einem Bild, das eine der großen Horrorstories der Revolutionsjahre reporterartig darstellt. Wenn es da etwas „Ideales" zu beschreiben gab, dann konnte das gewiß nicht am gemordeten Revolutionär oder am Schreibzeug oder an dem als Mordwerkzeug verwendeten Küchenmesser gezeigt werden. Liegt das Ideale eher in der großflächigen Darstellung des Tuches? Gewiß, ein Ansatz zu kannelurartiger Drapierung ist nicht zu leugnen. Doch es ist die armselige Holzkiste, behelfsmäßig dienend als Schreibpult des hautkranken Badenden, die paradoxerweise den Glanz des Idealen ausstrahlt. Ein geladener Widerspruch. Armseligstes, billigstes Holz, aber präsentiert mit der Würde eines Marmorsockels. Das hat nicht nur mit der Inschrift „*A Marat. David*" zu tun, es ist der *Esprit de Géométrie*, der hier am banalen und trivialen Objekt zur Geltung kommt, oder besser: zur Artikulation gebracht wird. Der Prozeß dieser Artikulation wird ausgelöst von einem einfachen Kompositionsgedanken. David verschiebt die senkrechte Perspektivebene des betrachtenden Auges aus der Bildmitte weit hinaus nach rechts und legt sie genau auf die äußere, rechte Kante der Holzkiste. Dadurch wird die Knickung zwischen senkrechter und waagerechter Kantenlinie aufgehoben und in eine ungebrochene senkrechte Gerade überführt. Dieser Kontrast zweier Ansichten — links die übliche Knickung durch Perspektive, rechts deren Aufhebung — macht das Auge frei zum Wahrnehmen *zweier* Geometrien. Einerseits sehe ich die Holzkiste in ihrer Derbheit und Armut, andererseits erkenne ich die bereinigte, idealisierte Form dieses Gebildes als Quader. Mein Sehen wird nun eher ein Vorstellen als ein Beobachten. Mein „inneres Auge" entfaltet eine spezifische Vorstellungskraft zu Geometrie und Stereometrie. Zwischen den beiden Sehweisen, die David durch seine Achsenverschiebung provoziert, besteht eine Differenz. Aus dieser Differenz scheint jener *Esprit de Géométrie* zu leben, der die Jahre der französischen Revolution kennzeichnet.

Wer Davids „Marat assassiné" gesehen hat, wird sich nicht verwundern darüber, daß die Revolutionäre selber der Geometrie eine besondere Bedeutung zugemessen haben für das, was sie als die „Régéneration",

als die Wiedergeburt klarer und würdiger Lebensverhältnisse, bezeichnet und angestrebt haben. Tatsächlich hat einen Monat nach Marats Ermordung durch Charlotte Corday, also im selben Sommer 1793, ein Abgeordneter namens Dufourny, der selber Architekt war, in der Convention zwei Forderungen für die neue revolutionäre Architektur aufgestellt: erstens, daß „les monuments fussent simples comme la vertù" („... einfach wie die Tugend"), zweitens, daß die neue Architektur „*doit se régénerér par la géométrie*" („durch die Geometrie wiederbelebt werden muß").[5]
Mit dieser Unterscheidung zweier Geometrien, einer trivialen und einer idealen, wie sie David in seinem Mordbild sichtbar macht, sind wir mitten im Thema. Unsere Fragen lauten: Was geschieht, wenn der Anteil des Geometrischen in der Achitektur überhand nimmt? Wieviel hat das zu tun mit der Behauptung der beiden Revolutionen von 1789 und 1917, sie würden die kompromittierten Klassen zu neuen, nämlich *modernen* Menschen verändern?
Wir werden zunächst die Ambitionen von 1789 zu überprüfen suchen und folgen dabei einem aufmerksamen Zeitgenossen, dem Dichter und Naturforscher Johann Wolfgang von Goethe.

„Es ist alles, wie ich mir's dachte, und alles neu."

Beim Eintreffen in Rom am 1. November 1786 notiert Goethe: „Nur unter der Porta del Popolo war ich mir gewiß, Rom zu haben." Doch was er jetzt „hat", hatte er längst schon gekannt — durch die Vermittlungsdienste des Modells. „Die ersten Kupferbilder, deren ich mich lebhaft erinnere (mein Vater hatte die Prospekte von Rom auf einem Vorsaale aufgehängt), seh' ich nun in Wahrheit, und alles, was ich in Gemälden und Zeichnungen, Kupfern und Holzschnitten, in Gips und Kork schon lange gekannt, steht nun beisammen vor mir, wohin ich gehe, finde ich eine Bekanntschaft in einer neuen Welt, es ist alles, wie ich mir's dachte, und alles neu." (Italienische Reise, Eintrag vom 1. November 1786)
Die Überraschung von Rom ist also keineswegs eine naive, sie ist vorbereitet, sie ist gewissermaßen reguliert und vordisponiert durch Vorwegnahmen der Einbildungskraft. Diese Vorwegnahme heißt Modell: *maßstäblich korrekte, mathematisch richtig* verkleinerte Wiedergabe, einerseits als Gemälde oder Zeichnung, Kupfer oder Holzschnitt (*scheinbar* dreidimensional), andererseits als Gebilde aus Gips und Kork (*wirklich* dreidimensional).

Der Aufwand, der für wirklich dreidimensionale Modelle getrieben wird, ist schon am Anfang des 18. Jahrhunderts beträchtlich. Der Landgraf Karl von Hessen-Kassel beispielsweise benötigte für seine Sammlung von Modellen ein eigentliches „Modellhaus", das er 1711/ 1712 errichten ließ. Das Hauptstück war das 1709 begonnene Modell des Parks am Karlsberg (Bergpark Wilhelmshöhe). Diese maßstäbliche Wiedergabe des Berghangs mit den projektierten Kaskaden, Schlössern, Lusthäusern, Gärten und Statuen erreichte bald einmal 220 Fuß (etwa 63 Meter) Länge, so daß ein ganzer Saal von mindestens zwei Geschoßhöhen zur Unterbringung nötig wurde.
Goethe zählt Korkmodelle mit größter Selbstverständlichkeit zu dem, was „die Begierde, nach Rom zu kommen", so groß gemacht habe — aber so alt ist diese Wiedergabetechnik damals noch gar nicht, vor allem dann nicht, wenn für den Begriff „Modell" ein genaues Vermessen des Originals und danach eine maßstäblich korrekte Verkleinerung vorausgesetzt wird. Und auf diese beiden Präzisierungen kommt es an: auf die exakte Vermessung des alten Monuments und auf den exakten Transport in die Verkleinerung. Sie geben dem Modell als Nachgebilde eine neue Bedeutung, einen neuen Rang. Daß dieses Können auch seine Folgen hat, daß das zu neuer Dignität gelangte Modell den herkömmlichen Architekturbegriff aus den Angeln zu heben droht, soll uns nun beschäftigen.

Palladio als „Polarstern und Musterbild"

Am 21. September 1786 besucht Goethe „das eine halbe Stunde von der Stadt auf einer angenehmen Höhe liegende Prachthaus, die Rotonda genannt". Wieso kommt er zu der Bemerkung: „Vielleicht hat die Baukunst ihren Luxus niemals höher getrieben"? Offenbar deshalb, weil das „viereckige Gebäude" von allen vier Seiten her denselben Aufwand treibt und zur viermal identischen Fassade gelangt. „Von allen vier Seiten steigt man auf breiten Treppen hinan (...), jede einzelne Seite würde als Ansicht eines Tempels befriedigen." Dieser Luxus als vierfache Wiederholung Desselben führt notgedrungen dazu, daß der Raumaufwand für „Treppen und Vorhallen (...) viel größer ist als das Haus selbst". Woraus dann der bekannte, immer wieder zitierte Schluß gezogen wird: „inwendig kann man es wohnbar, aber nicht wöhnlich nennen".
Diese „Unwöhnlichkeit" muß ja wohl mit dem Luxus des Vierfachselben zu tun haben — mit anderen Worten: Goethe ist ebenso fasziniert

wie irritiert von der Tatsache, daß Palladio in diesem Bau *nicht bilateral* symmetrisch bleibt, sondern zwei Symmetrieachsen kreuzt und damit in die *Zentralsymmetrie* aufsteigt, oder, wie man mit gleichem Recht sagen kann, auf diese zurückkommt oder in sie absteigt.
Ein Brief Goethes an Charlotte von Stein, geschrieben in denselben Tagen, behandelt dieselben Argumente in freierer Sprache: „Hier konnte der Baumeister machen, was er wollte und er hats beynahe ein wenig zu toll gemacht (...), von weitem nimmt sich's ganz köstlich aus, in der Nähe habe ich einige unterthänige Scrupel."[6]
Am Abend des 22. September verfolgt Goethe in der Akademie von Vicenza ein Gelehrtengespräch, in welchem Palladios Name mehrfach erwähnt wird. Er fühlt sich erquickt, „den Palladio nach so viel Zeit immer noch als Polarstern und Musterbild von seinen Mitbürgern verehrt zu sehen".
Für die Italienreisenden der Goethezeit gab es nur zwei Zentralbauten, die vertraulich abgekürzt einfach als „Rotonda" bezeichnet werden durften — jene von Palladio bei Vicenza und das Pantheon aus der Hadrianszeit im Zentrum von Rom. Das Pantheon wird zwar in Goethes Reisetagebuch mehrfach erwähnt, aber eine gründliche Beschreibung erfährt es nicht. Am 9. November sieht er sich bewegt „zur freudigen Verehrung (seiner) — *Großheit*". Am 3. Dezember trifft ihn wieder dieselbe Wahrnehmung, aber vom anderen Ende beobachtet: Er fühlt sich „*klein*" und „*ans Kleine gewohnt*" und kann sich „diesem Edlen, Ungeheuren" niemals gleichstellen.
Gewiß kommt Goethe hier in die Nähe jener Rom-Erfahrung, die nur wenige Jahre früher (um 1780) den Zürcher Maler Heinrich Füssli zu der Skizze „Der Künstler, verzweifelnd vor der Größe der antiken Trümmer" inspirierte. Aber es ist ja so, daß weder die Rotonda von Rom noch jene bei Vicenza außergewöhnliche Maße haben. Das „Ungeheure" an ihnen hat subtilere Ursachen — sie liegen im Rückgriff (oder Vorgriff) auf die Zentralsymmetrie, welche die Proportionen stillegt auf jene „*Régularité*", die schließlich im Verhältnis $1:1:1:1$ mündet. Genau wie das Quadrat unter den Rechtecken das letzte oder erste ist, sind der Kreis und die Kugel das Ende oder der Anfang. Quadrat und Kreis, Kubus und Kugel bedeuten je die Stillegung der Proportion. Sobald sie dominierend werden, wie in den beiden so leidenschaftlich-furchtsam verehrten Rotunden, steht der Betrachter in Wahrheit vor *der gleitenden Skala*. Er erlebt nicht mehr eine feste, stabilisierte Beziehung von Breite zu Höhe, oder von Boden zu Kuppel, sondern die Neutralisierung in der Waagerechten wie in der Senkrechten; und diese Neutralisierung der Maße zueinander, das heißt der

Proportion, des Zusammenspiels oder der Concinnitas entpuppt sich als „ungeheuer", weil sie ins Riesige oder Winzige gleiten kann. An die Stelle der Sicherheit, der Würde und der Harmonie der Proportion A:B tritt in der Zentralsymmetrie A:A das Gleitgefühl des Fadenkreuzes — etwas, das man in den modernen Medien „zooming" oder „zeroing in" nennt.
Mit anderen Worten: Derartige Zentralbauten erzeugen ein Schwindelgefühl des Modellhaften, sind selber Modelle, gerade darum, weil sie groß oder klein gelesen werden können. Das Schwindelgefühl liegt in der Qualität dieser gleitenden Skalen, die jedem Vergleich zum sogenannten menschlichen Maß entzogen sind und ein Durchgleiten — bei gleichbleibender regulärer Form — durch jene Größenordnung möglich machen.
Noch deutlicher: Ganz im Gegensatz beispielsweise zu bilateralen Grundrissen (etwa eines Barockschlosses, wie Versailles, oder einer Langhauskirche, wie St. Peter, oder einer Kathedrale), die sich nie auf einen Punkt verkleinern lassen, lassen sich das Pantheon und die Villa Rotonda *modellmäßig auf einen Punkt reduzieren.* Diese Magie der Reduktionsmöglichkeit auf *Beinahe-Null* und der Expansionsmöglichkeit *auf Unendlich*, immer entlang von *mehr als einer* Symmetrieachse, scheint mir, kann eine Erklärung abgeben für die so heftige Vorliebe der Epoche für den architektonischen Grundbegriff der „Régularité".
Gleichgültig, ob ein Zeitgenosse Goethes als Bildungsreisender, als Archäologe, als Renaissanceliebhaber oder tätiger Architekt Vicenza und Rom aufsuchte — immer scheint es ihm darum zu gehen, endlich ins *Fadenkreuz der gleitenden Skala* zu gelangen und in der Villa Rotonda sich auf die Erfahrung der unendlichen Schrumpfungs- und Dehnungsmöglichkeiten der Innenhohlkugel des altrömischen Pantheons vorzubereiten.

Das Musterbild beim Wort genommen

Was Goethe nicht gewußt hat: Es gab zwei zeitgenössische Architekten in Frankreich, welche die Rotundenbegeisterung der Italienreisenden beim Wort genommen und versucht haben, eine moderne Entsprechung der altrömischen Pantheon-Idee und der Vicentiner Rotunda-Idee zu entwerfen. Boullée hat seinen „Kenotaph für Newton" 1784 gezeichnet (Abb. 2), zwei Jahre also vor Goethes Italienreise, und Ledoux hat seinen Friedhof für Chaux (Abb. 3) nur wenige Jahre

2 Etienne Louis Boullée: Newton-Kenotaph, 1784

3 Claude Nicolas Ledoux: Friedhof für Chaux, nach 1784

später konzipiert. Stellt man die Grundrisse und Schnitte der beiden klassischen und der beiden modernen Rotunden nebeneinander, so kann die Frage nicht ausbleiben: Wie hätte Goethe wohl reagiert, wenn er die beiden Entwürfe von Boullée und Ledoux kennengelernt hätte? Dadurch, daß Boullée und Ledoux die klassischen Rotunden bloßlegen, ihres Schmuckes entkleiden, die bisher lediglich eingeschriebene Kugel zur voll gebauten Kugel vorantreiben, entwickeln sie die gleitende Skala des Fadenkreuzes bis an die Grenze des Absurden. Ein Skandalon, und zwar eines, das den beiden Pariser Architekten und der Gruppe ihrer Nachfolger schon bald nicht mehr verziehen wurde. Sie hatten etwas bloßgelegt, eine *mise à nu* vollzogen, die auf lange Zeit nur mit ‚Vergessen' und Verdrängen bewältigt werden konnte. In der Tat sind Boullée, Ledoux und ihre Gefolgsleute rasch genug ganz aus dem Geschichtsbild herausgefallen – und als Emil Kaufmann fast anderthalb Jahrhunderte später, von 1933 an, die verschollenen Architekturen des Fadenkreuzes aus den verstreuten Archiven zu heben begann, waren gerade die Franzosen selbst für dieses Spiel mit dem Absurden zunächst am wenigsten zugänglich.[7]

Daß die konsequente Zuendeführung des Modellhaften, der Régularité und der gleitenden Skala den Begriff der Architektur selbst ins Wanken bringt und damit schwer zu benennende Ängste auslöst, kann man sich bereits mit Hegels kunstgeschichtlicher Argumentation vor Augen führen. Bekanntlich durchläuft Hegel zufolge jede künstlerische Gattung drei Phasen, eine erste der äußerlichen Symbolisierung, eine zweite der Übereinstimmung von Verkörperung und Gehalt und schließlich eine dritte, in der das Zusichkommen des Geistes das Äußerliche mitverwandelt und aufhebt. Was nun die Architektur betrifft, so ist für Hegel sogar die Pyramide der Ägypter nur Symbolform, und diese dient durch ihre „Maßlosigkeit" dem „Ungeheuren". Tatsächlich ist ja die Pyramide auf dem Grundriß des Fadenkreuzes ausgelegt und damit dem Phänomen der gleitenden Skala ganz ausgesetzt. Weil nämlich die riesige Pyramide am Wüstenrand durch ihre Vierfachselbigkeit zugleich riesig und winzig wirkt – und somit eben „ungeheuer".

Hegel hat zwar seine *Ästhetik* erst dreißig Jahre nach Goethes Italienischer Reise und den Hauptentwürfen der beiden französischen Revolutionsarchitekten in Berlin vorgetragen – aber noch zu Goethes Lebzeiten. So gesehen, enthält oder weckt das Skandalon der Revolutionsarchitektur die Angst vor dem Rückfall tief in die Anfänge, hinter die Griechen zurück (deren Leistung Hegel zufolge darin besteht, Architektur von Skulptur zu trennen und damit der Architektur eine dienende Rolle zuzuweisen).

63

So setzt Hegel ein Ende der selbständigen Architektur in jene Dämmerphase der Menschheit, wo der Schlaf der Vernunft noch Ungeheuer erzeugt: „Ausgeburten eines schweren Traums, der die Menschheit vor dem Erwachen ängstigte."[8] Dieses Ende von reiner, symbolischer Architektur, wir würden sagen: maßloser, oder besser maßfreier Architektur verkündet Hegel nur wenige Jahrzehnte, nachdem im westlichen Nachbarland — rätselhaft verbunden mit den Zielen und Emotionen der großen Revolution — in seiner Jugendzeit *wieder* ein solches *Ende* vollzogen worden ist. Ein Ende, von dem leider weder Goethe noch Hegel etwas erfuhren.

Goethe selber, übrigens, wäre im Umgang mit Boullée und Ledoux, sollte er ihr Werk kennengelernt haben, aus guten Gründen abwägend-vorsichtig gewesen. Denn er hatte ja selbst im Jahre 1777, also neun Jahre vor der Italienischen Reise, in seinem Garten in Weimar den „Altar der Agatha Tyche" errichtet (Abb. 4), ein Würfelstein, auf dem eine reine, schmucklose Kugel lagert. Mit diesem zentralsymmetrischen Gebilde war er ja in der Richtung auf das vorangegangen, was die französischen Revolutionsarchitekten eine knappe Dekade später absolut zu zelebrieren begannen: den Kult der Kugel. So hätte sich für ihn, was Boullée und Ledoux betrifft, das „Fliehen" und „Suchen" der Geistesverwandten eigentümlich komplex dargestellt, als *verschränktes* Problem der eigenen Generation.

Die zweite Stufe des Skandals

Schauen wir nochmals zurück auf die irritierende Ambivalenz von 1789. Zwar können aufgeklärte Geister wie Goethe ihr Lob für das Pantheon und für Palladio nicht hoch genug singen — doch wenn zwei andere Zeitgenossen das Lob beim Wort nehmen und, was Zentralsymmetrie und Kugelform betrifft, dasselbe tun, dann werden sie verdammt. Einerseits beginnt mit Goethes Generation jene Pantheon- und Palladio-Verehrung, welche die Architekturbeziehung der westlichen, humanistisch gebildeten Klassen bis auf den heutigen Tag dominiert (nur jetzt ergänzt um ein drittes P: neben Pantheon und Palladio nun auch Piranesi). Andererseits werden Boullée und Ledoux, die diese Verehrung wörtlich nehmen und in Entwurf umsetzen, mit der schärfsten Strafe belegt: Sie werden spätens von 1810 an mit dem Verdammungsurteil der „Megalomanie" belegt und in der Folge totgeschwiegen. Tatsächlich gibt es die französischen Revolutionsarchitekten über runde 120 Jahre in der Architektur- und Kunstgeschichte nicht. Dem Österreicher Emil

4
Altar der Agatha Tyche in
Goethes Garten, Weimar
1777

5
Pantheon, Innenraum

6
Boullée: Newton-
Kenotaph, Schnitt

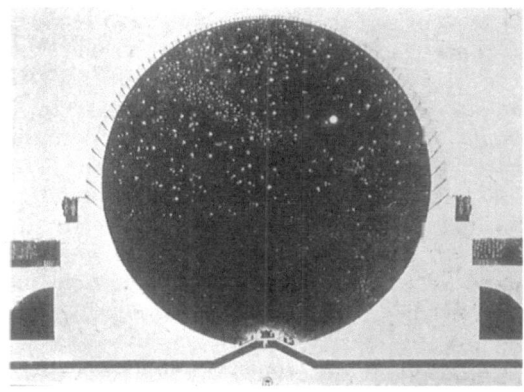

Kaufmann bleibt es vorbehalten, sie um 1933 in den französischen Archiven wiederzuentdecken. 1952 publizierte Helen Rosenau in London die ungedruckt gebliebene, in ihren Prinzipien völlig neuartige Architekturtheorie von Boullée, und um 1968/1969 war es so weit, daß Wanderausstellungen sowohl in Deutschland (von Baden-Baden aus) als auch in den Vereinigten Staaten (von Houston aus) zirkulierten. Wenn wir heute Boullées Newton-Kenotaph als eine Art Etikett oder Merkzeichen (wofür?) dauernd abgebildet sehen, sollten wir daran denken, daß es bis vor 20 Jahren vergessen, verdrängt und mit einem Tabu belegt gewesen war.

Was Goethe darf, darf Boullée nicht. Genauer: Was Goethe vielbewundert und ungestraft in Worte fassen darf, darf Boullée nicht als Entwurf zeichnen (Das Schreiben und das Zeichnen, obwohl mit derselben Hand vollzogen und beide Male graphische Zeichen hervorbringend, werden offensichtlich nicht mit derselben Elle gemessen.). Vor dieser skandalösen Ambivalenz von 1789 heißt unsere nächste Frage: Wer hat Boullée zu diesem unglückseligen Kugelentwurf *verführt*?

Die Verführung zur „Régularité"

Vom Architekten selber her ist die Antwort ganz eindeutig: Er widmet sein Monument dem Naturforscher und Mathematiker Sir Isaac Newton, und in seiner Architekturtheorie bezeichnet er diesen Kugelentwurf nicht nur als sein Hauptwerk, sondern widmet Newton und dessen Erklärung des Kosmos eine eigene Würdigung. Dieses Kapitel allerdings, betitelt ‚An Newton' ist abgefaßt wie eine Hymne. Einige bewerten sie als pathetisch, andere als wirr (so wie übrigens auch Ledoux' Texte bis vor kurzem als „wirr" bezeichnet wurden). Ich habe das Kapitel, in meinem Buch über Boullées Newton-Denkmal[9] und später wieder in meinem Kommentar zu Boullées Kunsttheorie[10], genauer zu analysieren versucht. Die einzelnen Schritte dieser Analyse kann ich hier nicht vorführen, aber das Resultat läßt sich eindeutig und klar mitteilen. Boullée will dem Betrachter seines Monuments, den er sich als „Cosmopolite" denkt, etwas Bestimmtes vorführen. Er will ihm nämlich, als Bewohner des rotierend-abgeplatteten Planeten, zeigen, wie dieser Planet *vor* Beginn der Rotation aussah, d. h., *bevor* Gott mit Michelangelos Finger den Anstoß gab zur Umdrehung um die eigene Achse.

Das Schauen der reinen, unberührten, ursprünglichen, anfänglichen Form, das Boullée uns auf diese Weise zumutet, würde Edmund Husserl

als ein „Halluzinieren" bezeichnen, und René Descartes würde es beschreiben als „etwas zwischen Schlafen und Wachen".
Boullée wollte somit eine Grundform der Geometrie erbauen, etwas, was es in reiner Gestalt auf diesem Planeten von vornherein nicht gibt, was aber spätestens seit der ägyptischen Pyramide und spätestens seit dem sagenhaften ersten Geometer (heiße er nun Imhotep oder Snofru, Thales oder Euklid) sehr wohl in unseren Köpfen existiert: als Vorstellungskraft zur Geometrie.
Mit dieser skandalösen Ambition, die ursprungsmäßig reine Planetenkugel abbildend zu bauen, kommt nun Boullée allerdings nicht nur in die Nähe von Newton (der bereits 1729, ein Jahr nach Boullées Geburt, gestorben ist), sondern womöglich noch deutlicher in die Nähe von Jean-Jacques Rousseau (der, 16 Jahre früher, 1712, geboren, zur selben Generation wie Boullée gehört). Denn Rousseau ist wie er besessen von Anfangsideen, die allerdings bei ihm weder im geometrischen noch im architektonischen Bereich Gestalt annahmen. Rousseau ist bekanntlich davon überzeugt, daß der ursprüngliche, noch nicht von Zivilisation und Besitzdenken kompromittierte Mensch „gut" war. Und das scheint *in Analogie* zu stehen zu Boullées Überzeugung, daß der anfängliche Planet als Kugel *reine* — also „gute" — Form war.
Nun hat einer der Kenner des 18. Jahrhunderts und seiner Aufklärungsbewegung, Jacques Derrida, das Verhalten von Rousseau zwischen Natur (d. h. dem Ursprünglichen) und Kultur (d. h. dem heutig Abgeflachten) genauer untersucht und dabei merkwürdige Widersprüche beobachtet. Rousseau entwickelt und verkündet eine anscheinend klare Reihe von Primärwerten und unterscheidet von ihnen die sogenannten Suppléments oder Sekundärwerte, die er als abgeleitet und abhängig einstuft. Primär ist für ihn Natur im Gegensatz zum Supplément Kultur, damit also auch „Ursprung" im Gegensatz zum Supplément „Geschichte", Sprechen im Gegensatz zum Supplément Schreiben, Unschuld im Gegensatz zum Bösen usw. Derrida kann belegen, daß Rousseau sowohl in den *Confessions* als auch im Erziehungsroman *Emile*, offenbar unbewußt, eine ganze Reihe von Verstößen und Gegenargumenten gegen dieses eigene Wertschema unterlaufen.[11] Er scheint sich zuweilen zum eigenen Wertschema geradezu subversiv zu verhalten. Um nur zwei Beispiele zu nennen: Rousseau lobt natürliche Sexualität und verachtet Masturbation, bekennt sich aber, in den *Confessions*, wie V. B. Leitch das nennt, als „master masturbator".[12] So verachtet er auch Erziehung, weil ja die Natur selbst dem natürlichen Kinde alle guten Kräfte je schon gab — schreibt dann aber doch den Erziehungsroman *Emile*, der der Natürlichkeit des Natürlichen nachzuhelfen hat (ganz analog

übrigens zur damaligen Leidenschaft für den englischen Landschaftsgarten, der ja ebenfalls dadurch zustande kommt, daß der Natur durch Architekten und Gärtner gehörig nachgeholfen werden muß, damit die Natur ihre Natürlichkeit besser artikuliere).

Meine These: *Boullée übernimmt und überträgt Rousseaus Wertschema*, obwohl er ihn nur selten erwähnt und stets von Isaac Newton spricht. Da er das Kugelmonument als sein Hauptwerk bezeichnet und auffällig oft bei anderen Entwürfen ebenfalls die Zentralsymmetrie verwendet, schließe ich daraus, daß *Zentralsymmetrie und Régularité* für Boullée den *Primärwert* darstellen, im Gegensatz zum *Supplément* der *bilateralen Symmetrie*. Die zweite Folgerung, die deutlich provozierender ist als die erste, lautet: Analog dazu ist die *gleitende Skala* mit ihrem Schrumpfungs- und „zooming-in"-Effekt für Boullée nicht Supplément, sondern *Primärwert*, während die *Proportion* damit in die Rolle des *Sekundärwertes* gerät. Für einen Architekten ist diese Einstufung deshalb so provokativ, weil von der Renaissance an, zum Teil sogar bereits im Mittelalter, Proportionstheorien hohes Ansehen genießen, aus der griechischen Antike wiederaufgenommen und weiter ausgebildet wurden, vor allem in der Lehre von den Säulenordnungen. Zwar hat der Mediziner und Architekt Claude Perrault ziemlich genau hundert Jahre vor Boullées Newton-Denkmal eine erste Attacke gegen die Unantastbarkeit von Proportionslehre und Säulenordnungen geführt — doch Boullées (zweite) Attacke wirkt ungleich radikaler, unter anderem, weil sie nicht nur in Worte gefaßt, sondern im räumlichen Entwurf gezeichnet ist.

Zusammenfassend kann man sagen, Boullée habe mit der Beschwörung der ursprünglich-reinen Kugel (gegen die abgeplattete Kugel des rotierenden Planeten) so etwas wie die „ontologische Differenz" zwischen anfänglichem reinen Sein und abgeleitetem bloßem Seienden aufzeigen und artikulieren wollen. So wenigstens würde Martin Heidegger formulieren. Jacques Derrida würde den Unterschied als „Différance" bezeichnen.

Warum erscheint die Kugel unter den sogenannten Primärkörpern in den Augen der Generation Rousseaus und Boullées als besonders geeignet, das Perfekt-Ursprüngliche zu verkörpern? Zum einen stammt ja das menschliche Kind aus der „Kugel", denn der Embryo liegt eingeschlossen im kugelförmigen Hohlraum mit Nährflüssigkeit im Leibe der Mutter (Das 18. Jahrhundert als das große Jahrhundert der anatomischen Forschung weiß davon.). Zum anderen ist, geometrisch gesehen, die Kugel die Vollendung der Symmetrie; denn *nur* in der Kugel sind alle Linien, die durch das Zentrum laufen, Rotationsachsen, und nur in ihr sind alle Ebenen, die das Zentrum berühren, Reflektionsebenen. Für uns ist die Frage, ob die Kugel Urform oder Endform sei, eine Frage des Standorts und der damit entfalteten Perspektive. Daß aber für Boullée, ganz im Sinne Rousseaus, die Kugel die eigentliche Anfangsform war, ist aus seinem hymnischen Text über Newton eindeutig belegt.

Was Goethe erfährt, wenn er unter der Mittelachse der Innenkugel des Pantheons steht (Abb. 5), und was Boullée meint, wenn er die Denkmalbesucher durch ein Zugangstunnel an dieselbe Stelle führt (Abb. 6), läßt sich in Analogie setzen mit einer bestimmten Erfahrung, die Derrida mit dem doppeldeutigen Verb „entendre" als Hören und Verstehen des eigenen Redens" („s'entendre parler") bezeichnet.[13] Denn in der Kugel zu stehen, zu sitzen oder zu liegen, vermittelt eine analoge Erfahrung einer ungebrochenen Einigkeit, wie wenn ich mich sprechen höre und dabei weiß: In diesem Augenblick sind mein Innen und Außen miteinander verwoben, der materielle Bedeutungsträger und das Gemeinte, das Bedeutete sind gleichzeitig zugegen: eine Primär-Erfahrung, ein Moment der Fülle.

Was einzigartig und damit eben skandalös bleibt, ist die Tatsache, daß sowohl Boullée als auch Ledoux das enorme Risiko dieser Option offenbar bedenkenlos auf sich genommen haben. Denn es stand ja wirklich viel auf dem Spiel: Um den Urkörper der Geometrie artikulieren zu können, haben sie die Architektur an die Grenze des Absurden geführt oder gedrängt. Sie haben den *Esprit de Géométrie* so buchstäblich und so primär ernst genommen, daß darüber der Esprit d'Architecture tödlich erschöpft werden mußte.

Im Zusammenhang mit der Internationalen Bauausstellung Berlin 1987 hat Derrida in einem Gespräch mit Eva Meyer den Begriff „architéktōn", so wie ihn Aristoteles braucht, in Erinnerung gerufen. Tektōn ist der Baumeister oder Handwerker, Arché heißt wörtlich „Anfang". Der Architekt ist derjenige, „der dem Prinzip archē — Anfang und Gebot — am nächsten steht, (...) der die Gemeinschaft der Arbeit und also auch die Arbeitsteilung lenkt"[14]. Was der Philosoph nicht zu bemerken scheint und was ich als Historiker hinzufügen möchte: Genau diese Qualität des Architekten war dem 18. Jahrhundert noch völlig bewußt; bei den Freimaurern war sie ein zentraler Aspekt ihres Rituals.

Die Bewegung der *Freimaurer*, die von London ausging, ist, wie das Signet (Abb. 7), in erstaunlichem Grade *architekturorientiert*. Denn die drei unentbehrlichen Insignien — Zeichendreieck, Lot und Zirkel —

sind ja ursprünglich auch die drei Grundwerkzeuge des entwerfenden Architekten und des ausführenden Maurers oder Baumeisters.
So kommen die Freimaurer in ihrem Ritual tatsächlich nahe an den ursprünglichen Begriff von „Architéktōn" heran. Denn dieser Kult feiert eben nicht nur den Téktōn, sondern ebensosehr die Arché, die in seiner Tätigkeit stets mitgeführt wird — wobei dieser Anfang für die Freimaurer alles Vorgriechische, ganz Frühe betrifft, vor allem (den damaligen Kenntnissen gemäß) Ägypten und seine Pyramiden.

*

In einigen Stichworten kann nur angegeben werden, welche weiteren Aspekte zu unserer Frage gehören.
Erstens: Auf die Bedeutung der Freimaurer für die sogenannte Revolutionsarchitektur hat vor allem Anthony Vidler hingewiesen. Seine Ausführungen betreffen die französischen Logen — ich wende mich den österreichischen zu, weil Mozart Wiener Freimaurer war und 1792, mitten im Tumult der westlichen Revolutionsphase, sein Wunderwerk der „Zauberflöte" uraufgeführt hat, das ganz eindeutig freimaurerische Prinzipien zur Darstellung bringt. Unser Interesse müßte sich speziell den Bühnenbildern für die „Zauberflöte" zuwenden — sie sind wichtige erste Belege der „Ägyptomanie" des späten 18. Jahrhunderts, einer ersten Welle einer Ägyptenfaszination, die jenem *Esprit de Géométrie* Tribut zahlt, den wir hier als Leitmotiv behandeln.
Zweitens müßte uns das Erhabene oder Sublime beschäftigen, das damals theoretisch neu gefaßt und leidenschaftlich diskutiert wurde. Das Erhabene spaltet sich vom üblichen Schönheitsbegriff ab und wird nun nicht nur an der ägyptischen Architektur, sondern auch an der Landschaft der Hochalpen (Abb. 8) verehrt.
Drittens schließlich würde sich zeigen, daß diese selbe Generation unmittelbar vor der Französischen Revolution — die im Deutschen als Generation des „Sturm und Drang" bezeichnet wird — eine deutliche Neigung zeigt, das höchste Wesen nicht mehr als sprechenden Gott, sondern als zeichnend entwerfenden Gott zu verehren. Tatsächlich erscheinen dem jungen Goethe, Füssli und Blake Gott als Architekt, als „Weltbaumeister". Das hat Folgen, auch innerhalb der Hierarchiekämpfe der Kunstgattungen. Vereinfacht gesagt, darf man behaupten, die Revolutionskunst zeichne sich durch eine *Gattungsinversion* aus. Die Malerei, die üblicherweise als das ausgezeichnete Organ der Novitätenschöpfung eingestuft wird, muß diese Rolle vorübergehend an die Architektur abgeben.

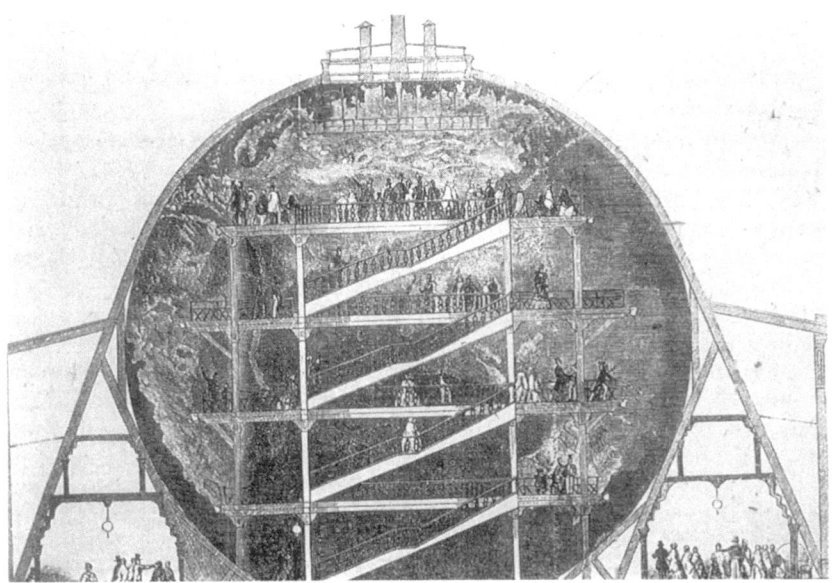

9 Wyld's „The Great Globe", London 1851

7
Signet der Freimaurer

8 Caspar Wolf: „Lauterbrunnen Tal", 1774

Schlechte Unendlichkeit, bedrohliche Régularité

Daß die Ursprungs-Ästhetik eines Rousseau oder Boullée ihre Kehrseite hat, daß also die Rückkehr des Zivilisierten zu Frühzuständen keineswegs problemlos ist, kann hier nur an zwei Beispielen gezeigt werden. Erstens: Die erhoffte und angemaßte Monumentalität des Kugelbaus bleibt auf dem Papier. Was wirklich entsteht, sind schließlich jahrmarktmäßige Budenbauten provisorischer Art, wie etwa jener „Globe", der am Rande der Ersten Weltausstellung, 1851 London, gezeigt wurde (Abb. 9). Boullées und Ledoux' Träume erweisen sich als steinern schwere, enorme Monumentalitäten, die dann in der Realität nur vom betont Provisorischen eingelöst werden.
Zweitens: Die gleitende Skala verführt schon Boullée selber mehrmals zu Entwürfen, die schlicht und einfach *präfaschistische* Züge haben. Hier nur das Beispiel des Brunnens für ein Pariser Wohnviertel (Abb. 10), der vor eine fünf bis sechsgeschossige Häuserzeile gestellt werden soll. Da wird das Prinzip der *grandeur sublime* zur Faust aufs Auge, die die urbanen Verhältnisse nicht nur aus den Angeln drängt, sondern bedroht.
Rousseaus und Boullées Rückkehr zur Natur als Rückkehr zum einfachen Zahlenverhältnis 1:1:1 und zu klaren Entscheidungen ohne Kompromiß findet nun allerdings im 18. Jahrhundert einen ganz anders gelehrigen Schüler als den Menschen — nämlich die *Maschine*. Die Maschine als Uhr und als Automat sind zwei sensationelle Entwicklungen der Epoche. Sie arbeiten mit den beiden Grundprinzipien des 1+1+1 und des binären Kontrasts und erzeugen so eine mechanische Unendlichkeit, die Hegel mit seinem Begriff von der „schlechten Unendlichkeit" mitgemeint hat. Es hat seine eigene tragikomische Folgerichtigkeit, wenn nun der erotische Held der Epoche, Casanova (übrigens Zeitgenosse von Boullée, ein Jahr vor ihm geboren), sich selbst wie eine Maschine zu verhalten beginnt und schließlich in der Folgekette (1+1+1 ...) seiner sexuellen Eroberungen bei einer automatischen Puppenfrau landet, um auch diese zu verführen, so jedenfalls in Fellinis Film „Casanova".
Erstaunlich ist, welche Domänen sich die neu erweckte Macht des Primären innerhalb kurzer Jahrzehnte erobert. Als ginge es um einen spiegelbildlichen Zwang, wird nun in der Malerei das gleiche Modell in der gleichen Pose einmal nackt, einmal bekleidet dargestellt — hier die nackte Mme. Récamier (Abb. 11/12), von J. L. David um 1800 in beinahe derselben Körperhaltung dargestellt wie gleichzeitig die bekleidete Mme. Récamier. Es bleibt Goya vorbehalten, den binären Gegen-

10 E. L. Boullée: Entwurf eines Brunnens, um 1780

11 J. L. David: „Madame Juliette Récamier", 1800

12 J. L. David: „Femme nue", um 1800

satz bis ins Obsessive und Provozierende zu steigern mit einer nackten Maja und einer bekleideten Maja, die beidemal die vollkommen gleiche Körperhaltung einnimmt. Diese Zuspitzung und Verhärtung zu einem blanken Gegensatz nackt-bekleidet (der bald auch in der Architektur mit Gottfried Sempers „Bekleidungstheorie" seine Rolle spielen wird) wäre in früheren Epochen, etwa des Barocks oder der Renaissance nur als moralische Allegorie lesbar, wie Erwin Panofsky dies in „Herkules am Scheidewege" zeigt.

Boullée ist es fraglos gelungen, über die Polarisierung von nackt/bekleidet hinweg und trotz seiner Verirrungen in präfaschistische Konzepte, die Artikulation der Anfangsprinzipien ins Reine zu schreiben, oder richtig: ins Reine zu zeichnen. Ich gebe hierfür zum Schluß drei Beispiele, die belegen, daß während der Revolutionsjahre die bereits erwähnte Gattungsinversion zu erkennen ist und die Novitätsschöpfung, die sonst ein Vorrecht der Malerei zu sein scheint, an sie übergeht.

Boullée versucht, ausgehend von der ägyptischen Pyramide, in der Eingangszone des Newton-Kenotaph (Abb. 13) die Rückverwandlung der Kantengeometrie in die runde Geometrie. Rampen, geschmückt mit Sphingen, verwandeln sich in geschweifte Kugelkalotten. Mit diesem titanischen Versuch der Verwandlung des ägyptisch flächenhaft Kantigen ins ursprunghaft Runde entwirft er zwar nicht die Urhütte (über die Laugier 30 Jahre früher so naiv fabuliert hatte), aber er entwirft, so meint er, das Ur-Monument. Eine ganze Gruppe neuartiger Kalottenformen ist das Resultat.

Boullée ist es fraglos gelungen, über die Polarisierung von nackt/bekleidet hinweg und trotz seiner Verirrungen in präfaschistische Kondes bloßen Teils führt. Ein Ausschnitt aus der Böschungswand einer Pyramide belegt, daß er das 1 + 1 + 1 als endlose Fügung durchführt und dadurch eine neuartige, ameisenhafte Verlorenheit in der Wand zu artikulieren vermag (Abb. 14). Deutlicher als die zeitgenössischen Maler stellt er klar, daß er den gewohnten Proportionsschemata, wie etwa 1 : 3 : 5 : 8, etwas Ursprünglicheres, nämlich 1 : unendlich, gegenüberstellen will. (Eine Vorwegnahme übrigens, unser Jahrhundert betreffend, wo seit Paul Klees Aufenthalt in Kairouan 1914 dasselbe Problem virulent wird.)

Schließlich die „Pyramide mit 2 Stelen" (Abb. 15), eine kleine Grisaille von Boullée, die meist übersehen wird, und vermutlich in denselben Jahren geschaffen wurde wie Davids „Marat assassiné". Bei beiden Werken geht es um den *Esprit de Géométrie*. Boullée fühlt sich legitimiert, weit über Davids Gegensatz zwischen angewandter und reiner Geometrie hinauszugehen und erstmals — so weit ich sehe — die Be-

13
Boullée: Newton-
Kenotaph, Eingangs-
bereich

14
Boullée: Pyramide,
Ausschnitt

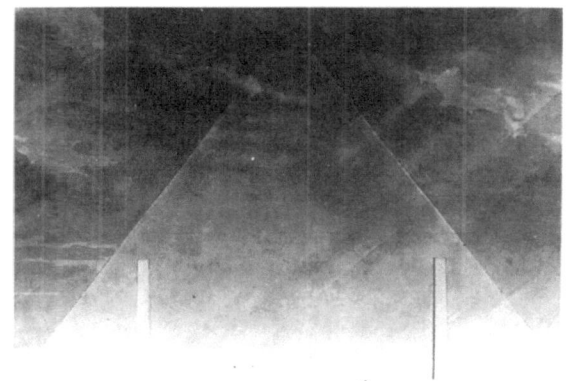

15
Boullée: Pyramide
mit zwei Stelen

reinigung so weit zu treiben, daß das im Grunde jeder Geometrie innewohnende Ideal der Transparenz artikulierbar wird.

3 Ein Begriff überlebt, weil er ein neues Verhaltensschema auf die Formel bringt.

Nochmals: Der Begriff „Dekonstruktion" ist von Derrida vor bereits 20 Jahren in die Diskussion der Textkritiker geworfen worden — und nun soll er, als aufgewärmter Kohl, plötzlich in der Architekturdiskussion eine Rolle spielen? Ist das denn nicht der Ausweis einer provinzlerischen Verspätung, kennzeichnend für diese ohnehin schon degradierte, frustrierte, gebeutelte Gattung, die sich von Hegels Abwertung zur bloßen Dienerin und Magd der reineren Künste und hernach von Victor Hugos Todesbefund „Ceci tue cela" nie mehr richtig erholt hat?

Damals, vor 20 Jahren, in der Zeit des Mondflugs und der Studentenunruhen, meldeten sich die ersten Anzeichen der Kritik an der progressionssüchtig und gedankenarm gewordenen Moderne. Im Gebiet der Architektur war es Robert Venturi, der das unglaubhaft gewordene „Entweder-Oder" des funktionalistischen „neuen bauens" zu demaskieren begann und ein weniger brutales, weniger ambitiöses „Sowohl-als-auch" vorschlug.

Derridas unlogische, reichlich willkürlich erscheinende Wortkreuzung „De-kon-struktion", die ja in denselben Jahren auftauchte, meint zwar ungefähr dasselbe wie Venturis Formel — aber sie erweist sich zugleich als präziser und delikater, weil sie besser trifft, was auch Venturi meint: das Paradoxe der Situation.

Tatsächlich sieht sich die westliche Zivilisation seit Jahren zunehmend deutlicher in einem Interessenkonflikt sondergleichen, als Pro und Contra, als Ja und Nein, gegenüber der einen Zwillings-Institution, die den Westen seit 1750 groß und schließlich dominant gemacht hat: Wissenschaft und Technik. Niemand kann heute ohne diese moderne Wissenschaft überleben — niemand will sich aber nunmehr blind oder wahllos ihren angstmachenden Möglichkeiten überlassen. Der Wissenschaftshistoriker Wolf Lepenies beschreibt diese paradoxe Lage in seinem Aufsatz *Angst und Wissenschaft* wie folgt: „Wissenschaft und Technik traten ihren Siegeszug an, als sie sich gegenüber Magie und Religion als wirkungsvollere, schließlich konkurrenzlose Mechanismen der Angstbewältigung durchsetzten."[15] Doch in den jüngsten Jahrzehnten zeige sich, insbesondere „seit den Katastrophen von Tscher-

nobyl und Basel, eine stetig schärfer werdende Auseinandersetzung über die Rolle, die Technik und Wissenschaft in der Erzeugung und in der Eindämmung von Angst spielen"[16]. Mit anderen Worten: Lepenies sieht eine Kehre insofern, als Angst und Wissenschaft ihre Rollen zu vertauschen beginnen. Aus dem Eindämmen und Überwinden von Angst ist in bestimmten Bereichen ein Produzieren von Angst geworden. Lepenies faßt zusammen: „Der Fortschritt [im Abbau äußerer Ängste] ist nun zu einem Stillstand gekommen: Gentechnologie und Atomspaltung haben Folgen gezeitigt, die keine Ängste mehr abbauen, sondern Ängste hervorbringen."[17]
Es ist nicht irgendeine Mode oder Übersättigung, die dazu geführt hat, daß Abstand von der Moderne gefordert wird und der Begriff „postmodern" sich festsetzt. Die wirkliche Ursache zu diesem Distanznehmen liegt in der veränderten Angstproduktion und in neuartigen Schwierigkeiten mit der Angstverarbeitung. Kennzeichnend allerdings ist: Wir sind und bleiben „*mit* der Moderne *gegen* die Moderne", weil wir Wissenschaft brauchen zur Angsteindämmung, diese selbe Wissenschaft aber stillegen müssen, sobald sie selbst Angst zu produzieren beginnt. Zuwenden und gleichzeitiges Ausgrenzen sind somit gefordert, als „konstruktives" Mitgehen und „destruktive" Verweigerung zugleich, Empathie und Subversion zugleich, und zwar dem einen und selben Motiv oder Thema, Objekt oder Subjekt gegenüber. Auf der Hut sein, doppelbödig sehen, irritierbar bleiben, oder, um ein Zitat zu wiederholen: „Herausarbeiten der Unterschiede" anstelle der „Verschmelzung der Horizonte" — das ist die postmoderne Haltung, die von den Dekonstruktiven postuliert wird.
Gewiß hat das auch mit Architektur zu tun, und der Begriff mit seiner Doppelforderung wird, wenn mich nicht alles täuscht, einige Gruppen einschließlich ihrer Proklamationen überleben. Denn die Forderung zur Dekonstruktion ist leichter in Worte gefaßt als im Raume verkörpert. Doch sie wird ihre Meister finden, einfach deshalb, weil sie als Forderung zum Überleben ernst und unausweichbar geworden ist.

Anmerkungen

1 Alois Martin Müller: Passagen ins 21. Jahrhundert, in Zeitschrift „Du", Sondernummer Paris, Dezember 1988, S. 90, vgl. auch Alois M. Müller: Vers une architecture de la différance, Zeitschrift „Archithèse" Nr. 1/89
2 Vgl. hierzu: A. M. Vogt: Das Schwebe-Syndrom der Architektur der Zwanziger Jahre (in: Das architektonische Urteil, Basel, 1989, S. 201 ff.)
3 Vgl. hierzu: A. M. Vogt: Der Haussegen hängt schräg („Deconstrustivist Architecture" in New York), in: Zeitschrift „Hochparterre", Zürich, No. 1, Oktober 1988, S. 70 ff.
4 J. Starobinski: 1789, Les Emblèmes de la Raison, Paris 1979, S. 78
5 J. Starobinski, op. cit., S. 182
6 Goethe, Italienische Reise, hrsgg. und kommentiert von Herbert von Einem, Hamburg 1951, S. 586
7 Zur Wiederentdeckung der sog. französischen Revolutionsarchitektur vgl. A. M. Vogt: Boullées Newton-Denkmal, Sakralbau und Kugelidee, Basel 1969 (fortan zitiert: Vogt-Boullée 1969) sowie E. L. Boullée: Architektur, Abhandlung über die Kunst, mit Einführung und Kommentar von Adolf Max Vogt, Zürich und München 1987 (fortan zitiert: Vogt-Boullée 1987)
8 Beat Wyss: Trauer der Vollendung, von der Aesthetik d. dt. Idealimus zur Kulturkritik a. d. Moderne, München 1985, S. 25
9 Vogt-Boullée 1969, spez. Kap. 9–12
10 Vogt-Boullée 1987, Typ. XII, Abb. 35–38, S. 131, und S. 26 ff.
11 Jacques Derrida: De la Grammatologie, Paris 1967, S. 224: La chaine des suppléments, vgl. dazu: Jonathan Culler: On Deconstruction, Ithaka N. Y. 1982, S. 102 ff.
12 Vincent B. Leitch, Deconstructive Criticism, New York 1983, S. 172
13 J. Derrida, De la Grammatologie, S. 17
14 J. Derrida mit Eva Meyer, Labyrinth und Architektur, in: Das Abenteuer der Ideen (IBA Berlin 1984/87) S. 97. Vgl. dazu auch den Aufsatz von Alois Martin Müller: Vers une architecture de la différance, in: Archithese No. 1-1989, S. 10 ff.
15 W. Lepenies: ‚Angst und Wissenschaft', in: ders.: Gefährliche Wahlverwandtschaften. Stuttgart 1989, S. 58
16 A.a.O., S. 56
17 A.a.O., S. 59

Dekonstruktion und Architektur

Peter Bürger

1

Texte kann man dekonstruieren, Bauwerke nicht. Der Grund dafür: Dekonstruktion ist ein Verfahren philosophischer Reflexion, und die läßt Gebäude eigentümlich unberührt. Wenn ich es nicht bei dieser Feststellung bewenden lasse, was wahrscheinlich das Vernünftigste wäre (denn welches Unheil philosophische Reflexion in die Architektur bringen kann, ist vorab gar nicht auszumachen), so deshalb, weil ich vermute, daß der Dekonstruktivismus und eine gewisse Art von Anti-Architektur (ich denke an den Merzbau von Schwitters) einen gemeinsamen Ursprung haben, von dem aus sie sich wechselseitig erhellen lassen. Ich werde jedoch nicht diese Vermutung einfach zu erhärten versuchen (das ergäbe nur ein Zerrbild des philosophischen Dekonstruktivismus), sondern der Maxime Feuerbachs folgen: „Der Denker ist darin nur Dialektiker, daß er sein eigener Gegner ist."

Texte kann man dekonstruieren, Bauwerke nicht; denn die Dekonstruktion ist ein Verfahren philosophischer Reflexion. Jacques Derrida hat es im Anschluß an Heideggers Fundamentalontologie entwickelt. Wenn ich versuche, den Zusammenhang zwischen Fundamentalontologie und Dekonstruktivismus darzustellen, so mache ich mich, gelinde gesagt, einer Übervereinfachung schuldig, die sich im poststrukturalistischen Denkkontext freilich mit dem Hinweis rechtfertigen ließe, schließlich sei jede Interpretation eine Entstellung.

Nähern wir uns der Sache vom Rande her; das ist ein Derrida durchaus gemäßes Vorgehen (eines seiner Bücher hat den Titel *Marges de la philosophie*). In der *Grammatologie*, dem wohl anspruchsvollsten Buch Derridas (es will das Ende einer 2500 Jahre währenden Epoche abendländischer Metaphysik einläuten), trifft der Leser auf eine Wortverbindung, die für französische Ohren barbarisch klingt: „toujours déjà". Verständlich wird sie erst, wenn man sie ins Deutsche (zurück-)übersetzt: „immer schon". Dem Leser von Heideggers *Sein und Zeit* ist die Redewendung vertraut als sprachliches Anzeichen einer Denkhaltung. Es geht dabei um nicht weniger als darum, *die* philosophische Frage der Neuzeit, die Subjekt-Objekt-Problematik, die seit Descartes die Philosophie umtreibt, zu unterlaufen. Dazu ist es erforderlich, die Stellung des Denkenden zu dem, was er denkt, grundsätzlich zu verändern. Statt ihn als Gegenstand sich entgegenzusetzen, muß er sich gleichsam in ihm bewegen. Das Gesuchte muß ‚immer schon' gegeben und zugleich verborgen sein. Es geht, mit den Worten Heideggers, „nicht um eine ableitende Begründung, sondern um eine aufweisende Grund-Freilegung"[1]. Den Grund, den es freizulegen gilt, nennt Heidegger Sein, das er damit abhebt vom Seienden (dem, „wovon wir reden, was wir meinen, wozu wir uns so und so verhalten"[2]). Der erhellende Rückgang auf das Sein ist deshalb möglich, weil wir uns immer schon im Seinsverständnis bewegen, das jedoch zugleich verdunkelt ist. Die philosophische Reflexion verfährt nun so, daß sie auf der Ebene des Seins sogenannte Existentialien ausmacht, die allererst die im Dasein erfahrbaren Befindlichkeiten ermöglichen. Hinter der ‚Lebenssorge' auf der einen und der ‚Sorglosigkeit' auf der andern Seite als Befindlichkeiten wird so die *Sorge* als „das Sein des Daseins selbst" sichtbar.[3]

Derrida unterwirft nun die Heideggersche Fundamentalontologie dem *linguistic turn*, den auch andere Philosophen im 20. Jahrhundert vollzogen haben. Das heißt, er verschiebt die ontologische Differenz zwischen Seiendem und Sein in die Sprache. Nun ist, Saussure zufolge, die Sprache selbst ein System markierter Differenzen (als Beispiel: nur aus dem Gegensatz zu andern Phonemen läßt sich ein Phonem bestimmen). Die dem Heideggerschen Sein entsprechende Ebene der Sprache kann selbst nicht innerhalb der Sprache liegen; sie muß vielmehr deren Oppositionssystem hervorbringen. Derrida nennt diese Ebene ‚Schrift'. Diese Ur-Schrift will er nicht als etwas der Lautsprache gegenüber Sekundäres begreifen, nachträgliche Fixierung des gesprochenen Worts, sondern als diejenige Ebene, welche die die Sprache konstituierenden Oppositionen allererst ermöglicht. Er bezeichnet diese Ur-Schrift auch als ‚Spur' (*trace*); wobei der paradoxe Reiz dieses Terminus darin besteht, daß im gewöhnlichen Wortsinn Spur stets auf den verweist, der sie hinterließ, während die ‚Spur', von der Derrida spricht, auf nichts verweisender Ursprung aller Verweisung ist. Die Spur ist absolutes *signifiant*.

Da Derridas Kritik der abendländischen Metaphysik eine Kritik der Präsenz ist, darf er die Ur-Spur nicht als Präsenz denken, aber auch nicht als pure Abwesenheit, sondern als den Indifferenzpunkt dieser Gegensätze:

„L'absence d'un *autre* ici-maintenant, d'un autre présent transcendantal, d'une *autre* origine du monde apparaissant comme telle, se présentant comme absence irréductible dans la présence de la trace."[4]

„Die Abwesenheit eines andern Hier-und-Jetzt, einer andern trans-

zendentalen Gegenwart, eines andern Ursprungs der Welt, der als solcher erscheint und sich als irreduzible Abwesenheit in der Anwesenheit der Spur gegenwärtigt."[4]
Derridas Gedanke läuft darauf hinaus, daß wir einerseits gezwungen sind, einen Ursprung der Differenzen anzunehmen, daß wir diesen aber nicht als etwas Gegebenes denken dürfen. Diese Bewegung nennt er das Durchstreichen der Begriffe.

2

Beim Schreiben an diesem Punkte angelangt, ging meine Lampe aus. — Texte kann man dekonstruieren, Bauwerke nicht. Denn Bauwerke sind keine Texte. Aber wenn wir über das Bauen nachdenken, verfassen wir Texte, und diese lassen sich dekonstruieren. Die Gegenüberstellung von Funktion und Ornament bei Adolf Loos ist ein solcher Text.[5] Die beiden Terme stehen bei Loos in Antithese zueinander: Das Funktionale ist ornamentlos, das Ornament funktionslos. Aber insofern die beiden Begriffe jeweils negativ auf den andern bezogen sind, sind sie nicht ohne einander. Das Funktionale ist die Nullstufe des Ornaments, als solche verweist es aufs Ornament und kann daher als ornamental wahrgenommen werden. Das Ornament erscheint am Bau als das schlechthin Funktionslose. Doch gilt das nur, wenn ich einen engen Funktionsbegriff zugrunde lege. Bestimme ich dagegen den Zweck des Baus dahingehend, die Bewohner sollten sich in ihm und mit ihm wohlbefinden, dann kommt dem Ornament eine entscheidende Funktion zu. Fazit: Das Funktionale ist ebenso ornamental wie das Ornament funktional.
Bisher haben wir nichts weiter getan, als die starre Entgegensetzung der Begriffe dialektisch in Bewegung zu bringen. Der philosophische Dekonstruktivismus würde anders verfahren, nämlich die spekulative Denkbewegung auf jene Ebene richten, die den sich entziehenden Ursprung des Gegensatzes markiert. Wir wollen sie *Urnament* nennen, ein Ur-Ornament, das als nicht-existente Bedingung der Möglichkeit des Gegensatzes von Funktion und Ornament zu denken ist. Zugleich öffnet sich hier dem pseudoetymologischen Spiel ein weites Feld; stecken doch im „Urnament" gleichermaßen Ursprung wie Amen, also Anfang und Ende, die Äußerlichkeit des Ornaments und Identität des Namens, endlich Urne, das Gefäß, das die Asche der Sterblichen bewahrt, womit zugleich der Tod als Anfang (und Ende) gesetzt ist.
Fragen sie mich nicht, ob das ernst gemeint ist. Im dekonstruktivisti-

schen Kontext, in dem wir uns bewegen, kann eine solche Frage nicht beantwortet, sondern allenfalls als deplaziert erwiesen werden. Dazu wäre es freilich erforderlich, den ihr zugrunde liegenden Gegensatz von Ernst und Unernst zu dekonstruieren, und das könnte uns unversehens zum urdeutschen Bierernst führen, als der Bedingung der Unmöglichkeit zu lachen. Streichen wir also die (sehr verständliche) Frage durch.
Dekonstruktion ist kein Verfahren dialektischer Kritik, sondern der Versuch, dieser das Wasser abzugraben. Das Wasser der Dialektik aber ist die Vermittlung. Die Dekonstruktion vermittelt nicht Gegensätze miteinander, sondern läßt sie zusammenfallen. In der Debatte, die Derrida mit dem Sprechakttheoretiker Searle geführt hat, spielt die Frage eine Rolle, ob man legitimerweise davon ausgehen kann, daß vorgetäuschte Sprechakte (z. B. auf dem Theater) von nicht-vorgetäuschten (realen) abhängig seien. Derrida leugnet dies mit dem Hinweis darauf, daß auch der nicht-fiktive Sprechakt mittels einer sprachlichen Äußerung hervorgebracht werde, deren Merkmal die Wiederholbarkeit sei. In der Wiederholbarkeit sprachlicher Äußerung fielen fiktiver und nicht-fiktiver Sprechakt zusammen.[6]
Gegen dieses Argument genügt es nicht, auf dem Unterschied von Spielkonventionen und Handlungsnormen zu bestehen.[7] Vielmehr müßte man fragen, was für einen Status Derridas Argument hat. In diesem ist Wiederholbarkeit als das ‚Wesen' von sprachlichen Äußerungen behauptet, wobei diese ‚Wesensaussage' dazu dient, fiktive und nicht-fiktive Rede gleichzusetzen. Derrida läßt sich auf die Ebene, auf der fiktive und nicht-fiktive Rede sinnvollerweise unterschieden werden können — nämlich der Rahmenvereinbarungen, innerhalb derer sie fungieren —, gar nicht ein, um sie stattdessen in der Wesensbestimmung sprachlicher Wiederholbarkeit zusammenfallen zu lassen. Das an den fundamentalontologischen Gestus Heideggers erinnernde Verfahren Derridas sucht nicht die Gegensätze von Spiel und sozialem Handeln zu vermitteln (wie Sartre dies in der berühmten Beschreibung des Kellners in *L'Être et le néant* getan hat), sondern bringt sie in einer abstrakten Wesensbestimmung zum Verschwinden. Der Dekonstruktivismus ist kein dialektisches Verfahren, sondern das Ineinssetzen der Gegensätze.
Eine Architektur, die den philosophischen Begriff der Dekonstruktion sich zu eigen machte, müßte die Grundprinzipien des Bauens suspendieren: Zweckbestimmung und Dauerhaftigkeit. Daß „die Angemessenheit des Produkts zu einem gewissen Gebrauche das Wesentliche eines Bauwerks ausmacht"[8], darin sind sich die Theoretiker der idealistischen Ästhetik einig.[9] Insofern der Zweck eines Baus als ein be-

stimmter vorgegeben ist, ergibt sich daraus zum einen das Nacheinander von Plan und Ausführung, zum anderen das Merkmal der Beständigkeit. Eine (im philosophischen Wortsinne) dekonstruktivistische Architektur wäre nun nicht etwa eine, in der Zweck und Dauerhaftigkeit das Baues schlicht negiert wären, sondern eine Architektur, in der Zweck und Dauer mit deren Gegenteil zusammenfielen: die also einen Zweck zugleich erfüllte und nicht erfüllte und die zugleich dauerhaft und ephemer wäre. Etwas Derartiges scheint, wenn nicht undenkbar, so doch unrealisierbar. Zwar gibt es Bauten, die keinem Zweck dienen (die Tempelarchitektur in Parks z. B. gehört dazu), und gleichfalls gibt es temporäre Architektur (wie die Festbauten in der höfischen Gesellschaft); aber Bauwerke, die einen Zweck erfüllen und diesen zugleich sabotieren, die dauerhaft sind und dabei doch immer schon verfallen, sind schwer vorstellbar und erst recht nicht realisierbar. – Ein Text läßt sich dekonstruieren, ein Gebäude nicht, und schon gar nicht, so scheint es, läßt dem philosophischen Dekonstruktivismus ein Bauprinzip sich abgewinnen.

3

Wir haben bisher den Dekonstruktivismus als Verfahren philosophischer Reflexion betrachtet und als eine sprachphilosophisch gewendete Überbietung der Heideggerschen Fundamentalontologie aufgefaßt. Nun läßt er sich aber auch in einer ganz anderen Tradition verorten, von der aus sich eher ein Bezug zur Architektur herstellen läßt, nämlich der Avantgardebewegungen. Daß Derrida gerade Artaud, den man als den konsequentesten Surrealisten bezeichnen kann, zwei umfangreiche Aufsätze gewidmet hat, ist kein Zufall; findet er doch bei Artaud die Umrisse seiner eigenen Metaphysikkritik wieder. Aber auch mit den Manifesten Bretons unterhält das Denken Derridas eine subtile Beziehung. Breton erklärt im zweiten surrealistischen Manifest, es gelte „in intellektueller und moralischer Hinsicht eine *Bewußtseinskrise* allgemeinster und schwerwiegendster Art auszulösen"[10]. In seiner frühen Husserl-Schrift *La Voix et le phénomène* umreißt Derrida sein Projekt der Dekonstruktion abendländischen Denkens mit den Worten: „Man kann es [das Privileg der Selbstpräsenz des Denkens, P. B.] nicht in Frage stellen, ohne damit zu beginnen, das Bewußtsein selbst von einem anderswo der Philosophie her zu entkernen, das dem Diskurs jede mögliche *Sicherheit* und jedes mögliche *Fundament* entzieht.[11]" Der Gedanke, daß durch dieses „Entkernen" des Bewußtseins eben jene

von den Surrealisten intendierte Bewußtseinskrise heraufbeschworen werden soll, liegt nahe. Aber auch die Verfahren der beiden Autoren ähneln einander. Das vermittlungslose Zusammenfallen der Gegensätze, das der Dekonstruktivismus praktiziert, ist von den Surrealisten programmatisch vorweggenommen, sowohl in der Kritik des „scheinhaften Charakters der alten Gegensätze" (caractère factice des vielles antinomies) als auch in der Hoffnung darauf, die unsere Erfahrung strukturierenden Gegensätze möchten sich letztlich als einander nicht widerstreitend enthüllen: „Alles gibt Anlaß dazu anzunehmen, daß es einen gewissen Punkt des Geistes gibt, wo das Leben und der Tod, das Wirkliche und das Imaginäre, die Vergangenheit und die Zukunft, das Kommunizierbare und das Unkommunizierbare, das Hohe und das Niedrige aufhören, als Gegensätze wahrgenommen zu werden [...]. Der Punkt, von dem die Rede ist, ist also derjenige, wo Konstruktion und Destruktion aufhören, gegeneinander ausgespielt werden zu können."[12]
Freilich ist ein gravierender Unterschied in der Weise festzuhalten, in der Breton und Derrida das Zusammenfallen der Gegensätze konzipieren. Für Breton handelt es sich um eine zukünftige Vereinigung („die zukünftige Auflösung dieser zwei dem Anschein nach so gegensätzlichen Zustände, wie der Traum und die Wirklichkeit es sind, in einer Art von absoluter Wirklichkeit, von Surrealität")[13]. Derrida dagegen begreift die Einheit der Gegensätze als sich entziehenden Ursprung. Die Richtung, die das Denken einschlägt, ist jeweils eine andere. Während bei Breton das (wie immer auch naive) Pathos der Befreiung von Zwängen der Zweckrationalität den Denkgestus bestimmt, betreibt Derrida negative Ursprungsphilosophie als Verunsicherungsstrategie. Er kann sich nicht von dem Gedanken freimachen, eine Sache gebe in ihrem Ursprung sich kund. Dagegen hatte Hegel zu bedenken gegeben: „Der einfache Anfang aber ist seinem Gehalte nach etwas für sich so Unbedeutendes, daß er für das philosophische Denken als durchaus zufällig erscheinen muß."[14]
Dieses Zufällige wird in der Ursprungsphilosophie mit dem Anschein des Wesenhaften umgeben. Derrida weiß das, und er versucht dem dadurch zu begegnen, daß er die Ursprungsphilosophie negativ auslegt. Dadurch schützt er sie vor Kritik, nicht aber uns vor den Folgen eines Eingriffs ins Denken. Was die Verunsicherung bringen wird, weiß Derrida nicht. „Es bleibt nur zu sprechen, die Stimme in den Gängen wiederhallen zu lassen, um den Schein der Präsenz zu ersetzen. Das Phänomen, das Akoumen [von griech. akouo ‚höre'] ist das Phänomen des Labyrinths."[15]
Dieser Satz steht am Schluß von Derridas Husserl-Studie. Die Dekonstruktion der Selbstpräsenz des Denkens führt in das Sprechen als

Labyrinth. „Tu causes, tu causes, c'est tout ce que tu sais faire" „Du quasselst, du quasselst, das ist alles, was du kannst"; R. Queneau: *Zazie dans le métro*). Automatisches Sprechen, aber ohne die Hoffnung, daß darin etwas sich zeigen könnte wie ein Ich.

4

> Wie einfach waren in Griechenland die Menschen sich selber *in ihrer Vorstellung!* Wie weit übertreffen wir sie in der Menschenkenntnis! Wie labyrinthisch aber auch nehmen sich unsere Seelen und unsere Vorstellungen von den Seelen gegen die ihrigen aus! Wollten und wagten wir eine Architektur nach *unserer* Seelen-Art (wir sind zu feige dazu!) — so müßte das Labyrinth unser Vorbild sein."
> Nietzsche, *Morgenröte*

Derrida hat ein feines Gespür dafür, daß die philosophische Rede ohne Metaphern nicht auskommt. Das läßt den Schluß zu, daß er Metaphern bewußt verwendet. Die meisten, auf die wir in unserer Erörterung gestoßen sind, entstammen dem Bereich der Architektur: Dekonstruktion, Fundament, Labyrinth. Das Projekt des Dekonstruktivismus ist eines der Verunsicherung. Sicherheit aber bietet uns lebensweltlich zunächst einmal das Haus, insofern es auf festem Fundament ruht, eine Grenze gegenüber dem Außen markiert und als fertiges dauerhaft dasteht. Ist ein dekonstruktivistisches Bauen denkbar? Ein solches könnte zwar das philosophische Verfahren der Dekonstruktion nicht einfach übernehmen, wohl aber die lebensweltlich mit der Idee des Hauses verbundenen Vorstellungen von Sicherheit, Festigkeit und Dauerhaftigkeit in Frage stellen. Wenn wirklich etwas vom Begriff philosophischer Dekonstruktion in dieses Bauen eingehen soll, dann müßte es die in der Idee des Hauses gegebenen Gegensätze zum Verschwinden bringen. Ich möchte zu zeigen versuchen, inwieweit dies für den Merzbau von Kurt Schwitters zutrifft.

Vor dem Bau des Hauses wird sein Plan entworfen. Was Marx zufolge „den schlechtesten Baumeister vor der besten Biene auszeichnet, ist, daß er die Zelle in seinem Kopf gebaut hat, bevor er sie in Wachs baut"[16]. Für den Merzbau gibt es keinen Plan und daher auch kein Nacheinander von Plan und Ausführung. Er „wächst etwa nach dem

Kurt Schwitters: Merzbau, um 1923

Prinzip der Großstadt", bemerkt Schwitters einmal.[17] In diesem Wachsen verschlingen sich Plan und Ausführung.
Jedes Haus bedarf eines Fundaments, das den ganzen Bau ‚trägt'. Von der Solidität des Fundaments hängt wesentlich die des Baus ab. — Der Merzbau hat kein Fundament. Er ist Bau im Bau. Er wächst durch mehrere Etagen eines Hauses, das er so gänzlich verwandelt. Vielleicht hätte er irgendwann einmal auch sein eigenes Fundament untergraben.
Durch seine wie immer auch durchbrochene Geschlossenheit markiert jeder Baukörper seine Grenze zur Umwelt. Er hat ein Außen und ein Innen. Der Merzbau hat kein Außen. Auch zu seinen Materialien unterhält der Merzbau ein eigentümliches Verhältnis. Nicht aus Rohstoffen ist er errichtet, sondern aus Fundstücken, ,,Brocken des alltäglichen Abfalls." Das Material, dessen sich Schwitters für den Merzbau bedient, ist selbst Endprodukt, das erst durch seine Verwendung im Bau zum Material wird. Im Prozeß des Bauens verlieren die Fundstücke ihre Eigenständigkeit. ,,Und eines Tages stellt sich heraus, daß irgend eine neue Richtung geschaffen werden muß, die ganz oder teilweise *über die Leiche des Gegenstandes hinweg* geht. Dadurch bleiben überall Dinge, die ganz oder teilweise überschnitten sind, als deutliches Zeichen ihrer Entwertung als eigene Einheit" (Schwitters). Die Konstruktion ist Dekonstruktion dessen, was sie als Vorfindliches sich unterwirft. Der Bau lebt von der Anwesenheit von Gegenständen, die er als einzelne zu Leichen macht. So wird der Merzbau zum Leichenhaus der Gegenstände, aus denen er sich aufbaut.
Dieses eigentümliche Moment der Zerstörung charakterisiert nicht nur das Verhältnis des Merzbaus zu seinem Material, sondern auch zu sich selbst. In seiner jeweiligen konkreten Gestalt zerstört er seine voraufgegangene. Insofern Konstruktion und Destruktion hier zusammenfallen, kann man legitimerweise von Dekonstruktion sprechen.
Damit berühren wir die besondere Zeit-Struktur, die dem Merzbau eignet. Von jedem Bau läßt sich, wenn auch nur annäherungsweise, sagen, wann er ‚fertig' ist; vom Merzbau nicht. ,,Außerdem ist sie unfertig, und zwar aus Prinzip", bemerkt Schwitters von der ,,großen Säule", wie er den Bau zunächst nennt. Versucht man, diese prinzipielle Unfertigkeit zu denken, so folgt daraus, daß es *den* Merzbau gar nicht gibt. Und zwar nicht deshalb, weil das Original 1943 bei einem Bombenangriff auf Hannover zerstört wurde, auch nicht, weil die Rekonstruktion notwendig vom Original abweicht, sondern weil es das Original als ein der Anschauung sich als gegenwärtig darbietendes Objekt nicht gibt und nie gegeben hat. Insofern der Merzbau an der Veränderung sein Wesen hat, läßt er sich nicht anschauen. Was wir von ihm

sehen (und in der Rekonstruktion sehen können), ist nur eine Gestalt von ihm, nicht er selbst. Der Merzbau realisiert den Gedanken des Labyrinths, jedoch nicht so sehr räumlich als vielmehr in der Zeit. Ist man einmal in Gedanken in ihn hineingeraten, so kommt man nicht mehr heraus. Dieses Sich-Entziehen des Baus hat Schwitters durch ein Namenspiel sprachlich verdoppelt: „Sie [die Säule, P. B.] heißt *Kathedrale des erotischen Elends*, oder abgekürzt *KdeE*, wir leben in der Zeit der Abkürzungen. [...] Der Name *KdeE* ist nur eine Bezeichnung. *Er trifft von Inhalt nichts* oder wenig, aber dieses Los teilt er mit allen Bezeichnungen, z. B. ist Düsseldorf kein Dorf mehr, und Schopenhauer ist kein Säufer. Man könnte sagen, die *KdeE* ist die Gestaltung *aller* Dinge, *mit einigen Ausnahmen*, die in meinem Leben der letzten sieben Jahre *entweder wichtig oder unwichtig* waren, zu reiner Form; in die sich aber eine gewisse litterarische Form eingeschlichen hat." Der Text, aus dem die zitierten Sätze stammen, hat den Titel *Ich und meine Ziele*. Schwitters spielt hier mit dem dadaistischen Verfahren des Selbstwiderspruchs. Der Gegensatz von arbiträrer und motivierter Bezeichnung fällt ebenso zusammen wie die Unterscheidung von wichtigen und unwichtigen Erfahrungen, von reiner und literarischer Form. Lassen wir Derrida den Schwitters-Text kommentieren: „Deconstruction is not a critical operation. The critical is its object; the deconstruction always bears, at one moment or another, on the confidence invested in the critical or critico-theoretical process, that is to say, in the act of decision, in the ultimate possibility of the decidable."[18] Damit soll der Dekonstruktivismus nicht etwa als philosophischer Dadaismus erwiesen, sondern nicht mehr gesagt werden, als daß die zitierte Bestimmung des Dekonstruktivismus sich als Kommentar von Schwitters' Selbstkommentar zum Merzbau lesen läßt, der in dieser Perspektive (es ist eine der Deutungen) als Realisation eines negativen Bauprojekts erscheint, in dem Grundbegriffe des Bauens mit ihrem Gegenteil zusammenfallen.
Nun hat Schwitters offenbar daran gedacht, das Merzprinzip – „Merz bedeutet Beziehungen schaffen, am liebsten zwischen allen Dingen der Welt"[19] – auf den Städtebau zu übertragen: „Durch vorsichtiges Niederreißen der allerstörendsten Teile, durch Einbeziehen der häßlichen und schönen Häuser in einen übergeordneten Rhythmus, durch richtiges Verteilen der Akzente könnte die Großstadt in ein gewaltiges Merzkunstwerk verwandelt werden."[20] Die Stadt „vermerzen" – der Anklang an „ausmerzen" ist unüberhörbar – hieße dann soviel wie die destruierende Umgestaltung, die wildwüchsig immer schon den Städte-

bau beherrscht hat, zum bewußten Prinzip eines Städtebaus in ästhetischer Absicht zu machen. Freilich scheint Schwitters dabei aus dem Blick zu verlieren, was dem Merzbau seine Signatur gab: die prinzipielle Unfertigkeit. Mit der „Idee des neuen Gesamtkunstwerks" kommen Momente traditionellen Bauens erneut zum Tragen, von denen der Merzbau sich losgesagt hatte.
Überblickt man noch einmal den Gang unserer Überlegungen, so fällt auf, daß die Ergebnisse einander widerstreiten. Waren wir zunächst zu dem Resultat gekommen, daß philosophischer Dekonstruktivismus und Architektur keine Berührungspunkte aufweisen, so sind wir jetzt dazu gelangt, im Merzbau des Dadaisten Schwitters durchaus so etwas wie eine bauliche Entsprechung zum Dekonstruktivismus zu sehen. Als Verfahren philosophischer Reflexion, das einen sich entziehenden Ursprung zu denken versucht, hat der Dekonstruktivismus mit der Architektur nichts gemein. Insofern er aber (hierin dem Dadaismus verwandt) die das Leben in der modernen Gesellschaft strukturierenden Gegensätze radikal in Frage stellt, läßt sich von ihm her ein Kommentar zu Schwitters' Merzbau entwerfen, der diesen als Anti-Architektur erkennbar macht. Wobei die Pointe dieser Denkbewegung in der Einsicht liegt, daß das wildwüchsig sich vollziehende Wachsen der Städte jene Einheit von Konstruktion und Destruktion immer schon verwirklicht, die der Merzbau uns zeigt, wenn wir ihn zu denken vermögen.
Bleibt die Frage, wie man die Einheit der Gegensätze denkt: als unmittelbar Gegebenes oder als vermittelt durch unser Tun? Ist sie für uns bloß faktisch gegeben, sind wir ihr damit ausgeliefert, und man wird voraussehen, daß weiterhin Konstruktions-Euphorie und panische Reaktion auf das Destruktive ungehemmten Bauens miteinander abwechseln werden. Nur wo Vermittlung ist, gibt es die Möglichkeit des Eingreifens. Dies würde bedeuten, aus der Erkenntnis der Gewaltsamkeit der Moderne, wie sie z. B. aus den Futuristischen Manifesten spricht, nicht die Argumente für die Rückkehr zu einem verlogenen Historismus zu ziehen, sondern die Destruktion als Moment der Konstruktion zu erkennen und so etwas wie einen lebensweltlich reflektierten Umgang mit ihr zu entwickeln. Das würde weiterhin bedeuten, das Ineinander von Konstruktion und Destruktion nicht einfach hinzunehmen, sondern es zu artikulieren, d. h., die beiden Momente aufeinander zu beziehen. Und es würde schließlich bedeuten, die Geschwindigkeit der Veränderung unserer städtischen Lebenswelt auf ein Maß zurückzuführen, das Identitätsfindung auf dem Wege über die architektonische Umwelt möglich macht. Damit haben wir uns freilich aus dem Umkreis des dekonstruktivistischen Denkens entfernt, das die Kategorie der Vermittlung von sich weist.

Anmerkungen

1. M. Heidegger, *Sein und Zeit*, Tübingen 1979^{15}, S. 8; im folgenden als *SuZ* zitiert
2. *SuZ* S. 6 f.
3. *SuZ* S. 57
4. J. Derrida, *De la Grammatologie*. Paris 1967, S. 68.
5. Zur Kritik an Loos vgl. M. Müller, *Die Verdrängung des Ornaments. Zum Verhältnis von Architektur und Lebenspraxis*. Frankfurt 1977, bes. Kap. VIII u. IX.
6. J. Derrida, *Signature événement contexte*, in: ders., *Marges de la philosophie*, Paris 1985, S. 365—393; hier bes. 387 ff.
7. Vgl. J. Habermas, *Der philosophische Diskurs der Moderne*, Frankfurt 1985, S. 230
8. *Kant*, KdUB 208
9. „Die Baukunst, wenn sie ihre eigentümliche begriffsgemäße Stellung erhält, dient in ihrem Werke einem Zweck und einer Bedeutung, die sie nicht in sich selbst hat." G. W. F. Hegel, *Ästhetik*, hrsg. v. F. Bassenge, 2 Bde., Berlin/Weimar 1965, Bd. II, S. 50
10. A. Breton, *Second Manifeste du surréalisme (1930)*, in: ders., *Manifestes du surréalisme* [...], [Paris] 1965, S. 153
11. „On ne peut le suspecter sans commencer à énucléer la conscience elle-même depuis un ailleurs de la philosophie qui ôte toute *sécurité* et tout *fondement* possibles au discours". J. Derrida, *La Voix et le phénomène* [...], Paris 1967, ^{4}1983, S. 70
12. „Tout porte à croire qu'il existe un certain point de l'esprit d'où la vie et la mort, le réel et l'imaginaire, le passé et le futur, le communicable et l'incommunicable, le haut et le bas cessent d'être perçus contradictoirement. [...] le point dont il est question est *à fortiori* celui où la construction et la destruction cessent de pouvoir être brandies l'une contre l'autre"[1]. Breton, *Manifestes*, S. 154
13. „la résolution future de ces deux états, en apparence si contradictoires, que sont le rêve et la réalité, en une sorte de réalité absolue, de surréalité." A. a. O., S. 27
14. Hegel, *Ästhetik* II, S. 23
15. „Il reste alors à *parler*, à faire *résonner* la voix dans les couloirs pour suppléer l'éclat de la présence. Le *phénomène, l'akoumène* est le *phénomène du labyrinthe*." Derrida, *La Voix et le phénomème*, S. 117.
16. K. Marx, *Das Kapital*, in: MEW 23, S. 193
17. K. Schwitters, *Ich und meine Ziele*, in: Katalog *Kurt Schwitters 1887—1948*, Hannover: Sprengel Museum 1986, S. 260; soweit nicht anders vermerkt, sind die Schwitters-Zitate diesem Text entnommen.
18. Zit. nach J. Culler, *On Deconstruction Theory and Criticism after Structuralism*, London 1983, S. 247
19. Zit. nach dem Katalog *Der Hang zum Gesamtkunstwerk. Europäische Utopien seit 1800*, Arau/Frankfurt 1983, S. 326
20. Ebd.

Teil II

Dekonstruktivismus?

Günter Behnisch

Dekonstruktivismus, ein Begriff nun auch für Architektur, unscharf einerseits (man ist erstaunt darüber, was sich unter diesem Dach alles versammelt), ausreichend deutlich andererseits (man hat sich wohl geeinigt bezüglich der Tendenzen, welche gemeint sind). Tendenzen, und nicht das Ganze. Ein Moment (von vielen) wird mit solch einem Begriff ins Zentrum gerückt.
Mir behagt nicht, daß wir mit unseren Arbeiten jetzt zu den Dekonstruktivisten zählen sollten. Wor kurzem hat man uns zu den Spätexpressionisten getan, ein anderer hat uns Regionalisten genannt, ein nächster Spätmoderne, wieder ein anderer Konstruktivisten usw. Jeder sieht eben das, was er sehen kann. Und jeder teilt sich seine Welt ein in der Art, in der er diese verstehen kann, und in der er sie handhaben kann.
Der Begriff mag aus dem Bereich der Philosophie kommen. Die hinter einem solchen Begriff stehenden Tendenzen müssen jedoch in Kunst und Architektur schon früher wirksam gewesen sein; einfach infolge der Tatsache, daß in deren Metier zunächst Unbewußtes leichter und auch früher wirksam werden kann. Insofern beobachte ich mit einem gewissen Mißtrauen, daß Architekten heute das inzwischen verbal Ausformulierte in Architektur „nachkonstruieren". So entstehen Formalismen. Diesen fehlt die Kraft der „echten" Erscheinungen. Ich meine, man kann das erkennen in der einen oder anderen Arbeit, die eher nachgezeichneten Theorien ähnelt. Hier wirken dann auch Marktmechanismen mit; und die zunächst eher „zerstörerische" Kraft des Dekonstruktivismus ist so eliminiert, die „Richtung" wurde eingefangen, domestiziert (vielleicht auch korrumpiert), wurde handhabbar gemacht, gefahrlos für die Zustände, die eben so sind, wie sie sind.
Was fällt mir im Zusammenhang mit dem Begriff „Dekonstruktivismus" zu Arbeiten unseres Büros ein? Ich will versuchen, einiges darzustellen, so wie ich es sehe, und das Ganze ohne missionarischen Eifer:
Architektur bildet nicht einfach „Natur" ab. Architektur genügt auch nicht nur den praktischen Funktionen. In Architektur spiegeln sich Probleme der gesellschaftlichen, ökonomischen usw. Situation, unter denen Architektur entsteht, und auch solche Probleme, die diejenigen,

die Architektur machen oder beeinflussen konnten, subjektiv empfunden, vielleicht auch erkannt haben.
Bei einem Institutsgebäude z. B. ist die Tatsache, daß ein solches überhaupt und in einer bestimmten Situation usw. gebaut werden soll, in der Regel vorgegeben, und wir können schwerlich dafür Verantwortung übernehmen. Daß wir jedoch als Architekten arbeiten, und die Art und Weise, wie wir das tun, das ist von uns zu vertreten. In der Art, in der wir dabei Momente auswählen und wichten, nehmen wir Stellung zu unserer Zeit, zu unserer Realität, indem wir auswählen, unterstützen, ästhetisieren oder unterdrücken (Was ist uns wieviel wert?).
Wir tun dies in jedem Falle, auch dann, wenn wir dies nicht wollten, auch dann, wenn wir uns dieses „Mechanismusses" nicht bewußt wären, selbst dann, wenn wir „die Sache einfach laufen ließen".
Was wäre nun danach zu sagen zum Postmuseum in Frankfurt, zum Eingangsbauwerk der Leybold AG in Alzenau, zum Gebäude der Bibliothek der Katholischen Universität in Eichstätt, zur Sonderschule in Bad Rappenau, zur dortigen Sporthalle, zum Kindergarten in Luginsland, zum Bahnhofsvorplatz in Feuerbach usw., Anlagen, die in unserem Büro entstanden sind oder noch entstehen. Sind diesen Bauten Tendenzen zu eigen, die heute dekonstruktivistisch genannt werden?
Obwohl mir solche „Schubladenbegriffe" eigentlich zuwider sind, sind sie doch brauchbar. Sie bringen die Sache „auf den Punkt". Andererseits erschwert ein solcher Begriff die Diskussion und auch die Arbeit. Er faßt Vieles und Vielfältiges unter einem Aspekt zusammen und macht Unterschiedliches einheitlich. Man läuft Gefahr, solchen Begriffen zu folgen und Unterschiedlichkeit und Vielfältigkeit unserer Welt, die ja auch in den Werken der Kultur angelegt sind, zu übersehen und zu vernachlässigen.
Während meines Studiums an der TH Stuttgart (1947/1948) hatten dort Lehrer und Assistenten der alten (Vorkriegs-) sog. Stuttgarter Schule noch Einfluß. Verkürzt dargestellt: Bauen war gebunden an die Gesetze (nicht nur materieller Art) der natürlichen Materialien und des Handwerks. „Werkgerecht" und „materialgerecht" sollten Bauten entwickelt werden. Das schienen schlüssige und auch verbindliche Vorgaben zu sein. Natürliche Baumaterialien und Kraft, Können und Tradition des Handwerks waren Teile der Natur, der Schöpfung, damit Teil einer „höheren Ordnung". Bauen, welches in diesem Rahmen entstand, war damit vorverantwortlich und Teil einer göttlichen Ordnung. „Dem Architekten soll nichts einfallen", ein Spruch aus dieser Zeit, der — so flach er auch sein mag — die zurückgenommene, wenig schöpferische und unpolitische Haltung des Architekten in einer solchen Ordnung

anspricht. Die seinerzeit verwendeten Ordnungen des Formalen waren gleichermaßen unaktuell, aus einem seit langem überholten Weltverständnis übertragen, aus der Bautechnik abgeleitet, darüber hinaus Reste ins Triviale abgeglittener, aufgesetzter Architekturelemente der klassischen Architektur, in hierarchischer Anordnung; Bilder einer alten, vergangenen Situation, einer alten Wirtschaft, einer alten Technik und einer alten Gesellschaft, nur scheinbar noch an früher möglicherweise als wahr und absolut angesehene Werte gebunden, hinter der Realität zurückgeblieben; Abbilder von Ideologien, vielleicht auch von „Heimweh" und manch anderem mehr.

Zu Beginn der Fünfziger Jahre begann ich die eigene Praxis mit Bauten, die ich „materialgerecht" und „werkgerecht" planen wollte (z. B. die Vogelsangschule in Stuttgart). Das war die Zeit, in der die handwerklichen Techniken von den industriellen abgelöst und die natürlichen Materialien durch künstliche ersetzt wurden. Aber auch dann noch haben wir materialgerecht und nun werkgerecht gearbeitet (ein Beispiel für solche Arbeiten zum Ende der Fünfziger und zu Beginn der Sechziger Jahre mag die Anlage der Fachhochschule in Ulm an der Donau sein). Baumaterialien waren nun gezielt für spezielle Aufgaben beim Bauen entwickelt worden – anders als früher Materialien wie Sandstein, Holz oder Lehm –, und die Produktionsapparate wurden größer und mächtiger und versuchten, Architektur ihren Konditionen anzupassen, also material- und produktionsgerecht zu machen. (Dieser Begriff wandelte sich fast unbemerkt von „handwerksgerecht" zu „werkgerecht" zu „produktionsgerecht").

Spätestens dann wurde deutlich, daß das Bauen dort, wo es früher an einer „göttlichen" Ordnung orientiert war, jetzt an die Ordnung von Götzen der „Produktion" und der „Administration" gebunden werden sollte. Aber die neuen weiten und freien Räume, die mit Hilfe neuer und effizienterer Techniken und Materialien möglich wurden, die nun viel umfassenderen Möglichkeiten für das Bauen, Ansprüchen entsprechen zu können, kamen nun durchaus nicht den in der neuen Gesellschaft entwickelten zahlreichen und vielfältigen und breitgestreuten Wünschen und Ansprüchen zugute. Vielmehr wurden diese Freiräume besetzt von den mit wirtschaftlicher, realer Macht ausgestatteten Organisationen der Produktions-, der Kapital- und der Verwaltungsapparate. In diese Epoche fallen die Typenbauten für Universitäten, Großkrankenhäuser, Schulen und Massenwohnungen. Stellvertretend für viele seien hier genannt das Märkische Viertel in Berlin, die Universität in Bochum und die Klinikbauten in Aachen. (Unser Büro hat sich an solchen Bauten nicht beteiligt).

Die Begriffe „werkgerecht" (produktionsgerecht) und „materialgerecht" mußten als Legitimation dienen für diese einseitigen Ungeheuer. Wenn man sich diesen Mechanismen entziehen wollte, so mußte man zunächst die Ansprüche der auf diesen Mechanismen aufbauenden Mächtigen zurückweisen. Man mußte sich z. B. mit der „Neuen Heimat" anlegen zu einer Zeit, bevor ihr Größenwahn ihre Macht zerstörte. Man mußte Generalunternehmern gegenüber kritisch sein, und man durfte und darf sich nicht beugen gegenüber den abgesprochenen Mechanismen der Apparate der öffentlichen Hand. Und das ganz real in der täglichen Arbeit. Ich wünschte, wir würden dies alle tun.
Wenn man solche Mächte aus dem Baugeschehen tatsächlich vertreibt, dann entstehen Freiräume in Architektur (und natürlich eine gewisse Unordnung). In diese Freiräume kann man anderes einrücken lassen, Momente vielleicht, die sich in der Realität als weniger effizient und als weniger mächtig erwiesen haben, die jedoch im Sinne einer lebendigen und vielfältigen Kultur wertvoller und wichtiger und liebenswerter und wünschenswerter sind. Wie gesagt, bei dem Ganzen entsteht Unruhe, ein Zustand, der den meisten der in den Apparaten Tätigen nicht geheuer ist und den — geben wir es ruhig zu — auch die meisten Architekten vermeiden möchten. Andererseits, diese „Unruhe", diese scheinbare Unordnung, ist schöpferisch; nur daraus kann sich Neues entwickeln. Das war unsere Position in der 2. Hälfte der sechziger Jahre. Wir waren uns dieser Zusammenhänge bewußt, hatten die Position verbal jedoch noch nicht ausformuliert. Wir waren offen den unterschiedlichsten Ansätzen gegenüber. Architektur sollte nicht ausgeliefert werden an die Apparate.
Beim Planen des Olympiaparks z. B. gewannen gesellschaftspolitische Momente Bedeutung. Es war die Zeit von Willy Brandts „wir wollen mehr Demokratie wagen". Momente der Technik hatten durchaus ihre Bedeutung, z. B. bei der Konstruktion des Olympiadaches; aber nicht mehr als „geschlossenes System", vielmehr als gezielt gesetzte Schwerpunkte.
Gegen das Rechthaberische, das Recht-haben-wollen der Produktionsapparate, gegen deren Herrschaftsanspruch anderen Momenten gegenüber haben wir uns im Laufe der Zeit immer deutlicher gewandt. Wir meinten dann, daß jedem Ort und jedem Moment das eigene Material und die eigene Gestalt zustehen sollte, daß darüber hinaus die großen „Architekturpakete" aufgelöst werden sollten in kleinere, differenziertere Einzelgestalten. Die evangelische Akademie in Birkach entstand in dieser Zeit. Dann, beim Verwaltungsbau des Diakonischen Werkes

der Evangelischen Kirche in Württemberg, sind wir einen Schritt weitergegangen. Wir haben einerseits — der Aufgabe entsprechend — Kräfte und Erscheinungsformen unserer zweckrationalen Welt extrem zurückgewiesen, haben uns anderseits zugewandt den schwachen, unterprivilegierten Kräften. Eine Formenwelt hat sich daraus entwickelt, die vieles einschließt: Schwaches und Starkes, Großes und Kleines, Regelmäßiges und Unregelmäßiges usw., das Ganze schon eher in der Ordnung einer Collage, in der die Elemente individuell, selbstbewußt sind, tolerant und nicht anmaßend.

Auf diesem Wege — ich kann hier nur wenige Schritte ansprechen und diese auch nur sehr pauschal — haben wir uns vom Anspruch der Technik und ihrer auf Herrschaft und Perfektion zielenden Apparate gelöst. Wir konnten feststellen, daß es sich ohnehin nur um den Schein der Perfektion handelte, und dies noch in einem nur sehr schmalen Sektor. Um auch noch diesen Schein zu „entlarven", haben wir scheinbare Ungereimtheiten, scheinbar Unperfektes eingeplant, haben dann feststellen können, daß erst dadurch, daß wir uns vom Schein der Perfektion gelöst hatten, hier technisch richtige Lösungen entstehen konnten. (Das klingt zunächst absurd, ist es aber nicht. Im Rückblick ist das offensichtlich: Nur dadurch, daß wir das Ergebnis — z. B. im Bereich des Formalen — nicht von vornherein festschreiben, z. B. im Hinblick auf scheinbare Perfektion, können Einzelmomente sich tendenziell frei und ungezwungen entwickeln, auch das Technische. Praktisch heißt das: Eine Dachrinne kann erst als Dachrinne richtig funktionieren, wenn sie eine Dachrinne sein kann und auch so aussehen darf. Und sie wird mit Problemen behaftet sein, wenn sie anderes, z. B. Teil eines perfekten Gesimses oder einer Linie sein muß.)

Natürlich, es entwickelt sich dann auch eine Freude am Spiel mit den solchermaßen befreiten Elementen und Momenten von Architektur. Mit Farben z. B. oder mit Spiegeln kann man daraus auch „Absurdes" machen. Auch das gehört dazu. Jedenfalls sehen wir das so. Plötzlich beginnen Decken zu schweben, und technische Elemente verlieren ihren Zusammenhalt. Bei der Bibliothek in Eichstätt treten derartige Erscheinungen auf; Erscheinungen, die auch der Architektur des Barock, die in der Stadt Eichstätt ja vorherrscht, zu eigen waren.

Und bei der Eingangshalle der Leybold AG in Alzenau stehen dann Stützen schief, und Träger sehen aus wie Waagebalken, so, als würden sie sich neigen können. Damit wird sicher manches, was andere behaupten, in Frage gestellt. Das ist die eine Seite. Daneben muß anderes behauptet werden; das heißt, daß der Freiraum, der geschaffen wurde, durch anderes, uns Wichtigeres ersetzt werden mußte.

97

Dann das Hysolar-Institut der Universität in Stuttgart; eine Aufgabe, die von sich aus wenig mitbrachte, die damit offen war für Experimente im Formalen. Hier haben wir einerseits dasjenige, was nun eben Dekonstruktivismus genannt wird, „ästhetisiert" und haben darüber hinaus das Formale als Collage geordnet; alles etwas demonstrativ — so ist es eben geworden. Durch diese etwas extremen Akzente sind andere Momente, die uns eigentlich wichtig sind, etwas kurz gekommen, das Kleinteilige z. B.; so die Tatsache, daß dort, wo Architektur auf den Menschen trifft, die Elemente eher handgemacht und weicher sein sollten; auch die Tatsache, daß wir üblicherweise den Einzelraum sorgfältiger behandeln als das Äußere, und manch anderes mehr.

In Architektur wollen zahllose Momente zu Wort kommen, und eigentlich ziehen diese nicht an einem Strang. Jeder Teil will sich selbst vervollkommnen und steht dabei anderen im Wege.

In unseren Bauten der letzten zwanzig Jahre sind nun unterschiedliche, neue, meistens der Aufgabe zugehörende Momente in den Vordergrund getreten. Schon von daher entstehen unterschiedliche architektonische Erscheinungen. Dazu kommt, daß wir als ein weiteres die Lösung beeinflussendes Moment die Individualität der mit der Aufgabe Befaßten ansehen, z. B. bei der Bauherrschaft, innerhalb des Büros und auch auf der Baustelle. Wenn man eine tendenziell freiheitliche Architektur schaffen möchte, so muß man sich entsprechender Arbeitsformen bedienen. Das meinen wir jedenfalls. Dann meinen wir auch, wir sollten offen sein für die Zeitströmungen; d. h. nicht, daß wir alles übernehmen, was so auf uns zukommt; wir wollen uns jedoch auseinandersetzen damit.

Die kubische, brutalistische Architektur vor ca. 30 Jahren hat uns weniger beeindruckt. Die „Verwissenschaftlichung" der Architektur hat uns dann manches „bewußt" gemacht, was wir früher nicht beachtet hatten, und die gesellschaftspolitischen Tendenzen Ende der sechziger Jahre haben uns stärker beeinflußt. Mit der sogenannten Postmoderne in der mitteleuropäischen Form haben wir uns wohl befaßt, wir meinen aber noch heute, daß das die falsche Antwort auf eine richtige Analyse war. Venturi, ja der gefällt uns, in dem, was er schreibt, und in manchem, was er baute, z. B. im Hause seiner Mutter.

Der Dekonstruktivismus liegt uns nun nahe. Nehmen wir einmal an, das von uns geplante Hysolar-Institut sei ein Beispiel für dekonstruktivistische Architektur. Dann müßte ich sofort hinzufügen: ein etwas einseitiges Experiment, nur machbar aufgrund der Tatsache, daß die Aufgabe selbst — wie schon erwähnt — kaum Inhalte hatte einerseits und daß die Leitung des Universitätsbauamtes andererseits dieses Experi-

ment gefördert und überhaupt erst ermöglicht hat. Diese Aufgabe war frei für rein formale Experimente.
Diese Freiheit haben wir dazu benutzt, unser bis dahin als Mittel für andere Zwecke dienendes „In-Frage-Stellen-der-eigenen-Gesetze-der-Technik-und-der-Apparate" als Thema in die Mitte unserer Arbeit zu stellen und dieses dann zu ästhetisieren: das scheinbare Industrieprodukt, das große Element, das Demontieren des Anspruchs auf Perfektion und das Zurückweisen des Anspruchs, Mittelpunkt der Welt zu sein. Hierfür haben wir die formale Ordnung gesucht, eine Ordnung, in der diese „auf den Kopf gestellten" freischwebenden Elemente und Momente zusammengehen und im freien Gleichgewicht sein könnten. Eine Collage ist es geworden; und das war eigentlich alles. Eher besorgt muß ich hinzufügen, daß dieser nun ästhetisierte, nur noch scheinbare Protest gegen die Ansprüche der Apparate usw. seine Kraft verlor und damit auch seine Protestqualität. Er ist domestiziert worden, aufgenommen in die akademische Welt der Architektur. Und man kann damit rechnen, daß in nächster Zeit die Apparate selbst sich dieser nun zur Architekturrichtung gewordenen Erscheinungen bedienen.
Dennoch, es würde uns schon freuen, wenn wir in einem anderen Bauwerk die Entwicklungen weiterführen könnten. Wir sehen noch zu viele Fehler — auch im Bereich des Formalen. Aber das ist ein anderes Problem.
Inzwischen arbeiten wir an anderen Aufgaben. Diese haben andere Parameter und andere Kräfte sind wirksam.
Beim Neubau für den Plenarsaal des Deutschen Bundestages z. B. stehen andere Themen an. So untersuchen wir dort die Möglichkeit, ob, wie und wieweit es möglich ist mit der Architektur des neuen Gebäudes eine Metapher zu schaffen für das, was wir heute und speziell bei uns unter Demokratie verstehen (Carlo Schmidt hat das vor Jahren überzeugend formuliert). Außerdem wollen wir architektonische Lösungen weiterentwickeln, die am Ende der „Modernen Architektur" abgebrochen wurden, u. a. m. Ich nehme an, es werden auch Tendenzen des Dekonstruktivismus einfließen. Aber diese werden wohl nicht im Vordergrund stehen.
Und beim Kindergarten in Luginsland wollen wir eine „Arche" bauen, die Kindern eine etwas verträumtere Welt bietet etc. Dabei hat das Dekonstruktive wohl wenig zu suchen.
Usw.

Behnisch & Partner: Universitätsbibliothek Eichstätt, 1987, Schnitt

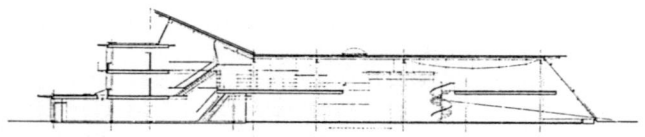

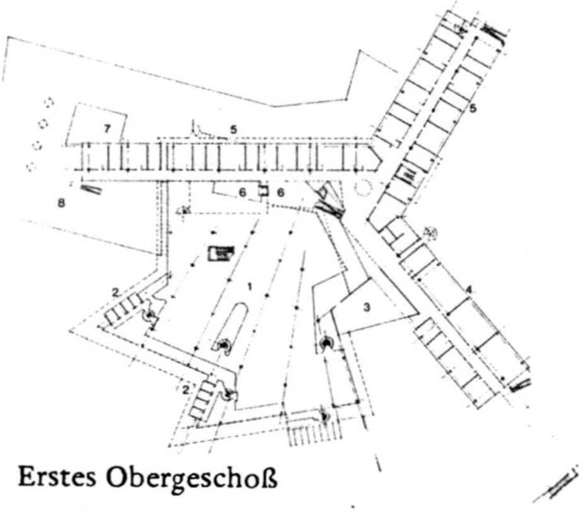

Grundrisse M 1:1000

Obergeschosse
1 Lesekontinuum   5 Fakultäten
2 Carrels   6 Luftraum
3 Mehrzweckraum   7 Hof
4 Sprachlabor   8 Dach (bepflanzt)

Erstes Obergeschoß

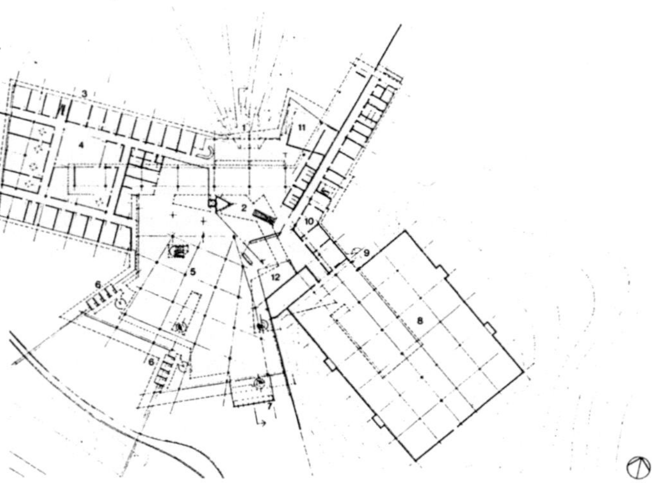

Erdgeschoß
1 Eingang
2 Halle
3 Verwaltung
4 Hof
5 Lesekontinuum
6 Carrels
7 Zeitungsleseraum
8 Büchermagazin
9 Zufahrt Magazin
10 Benutzungsabteilung
11 Vortrags- und
   Ausstellungsraum
12 Pflanztrog

Erdgeschoß

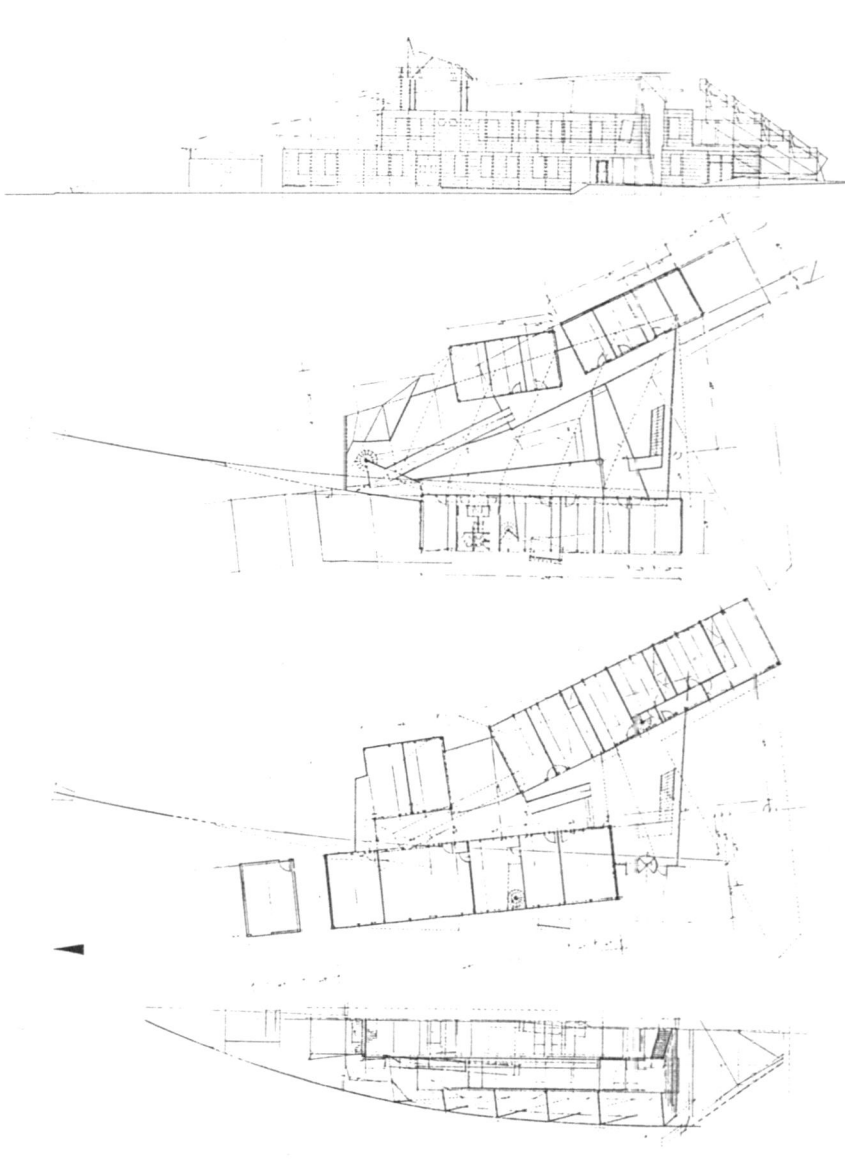

Behnisch & Partner: Hysolar Institut, Stuttgart 1987, Grundrisse, Schnitte

Innenraum, Foto: Chr. Kandzia

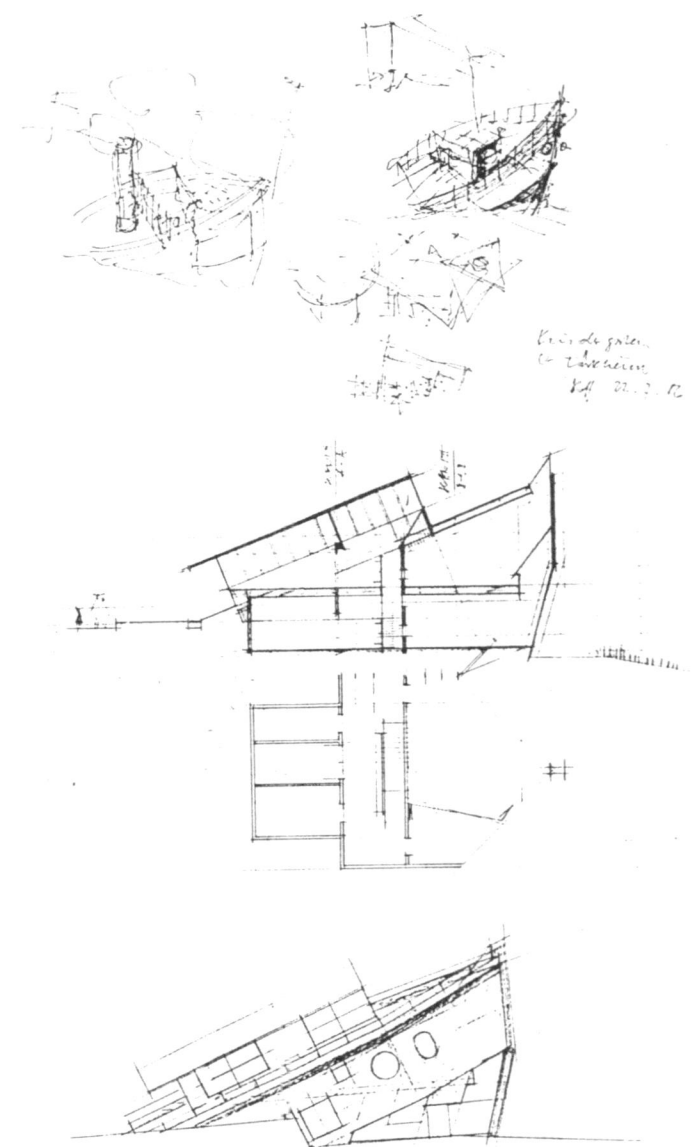

Behnisch & Partner: Kindergarten Luginsland, Stuttgart 1987, Grundriß, Schnitt, Ansicht, Skizzen

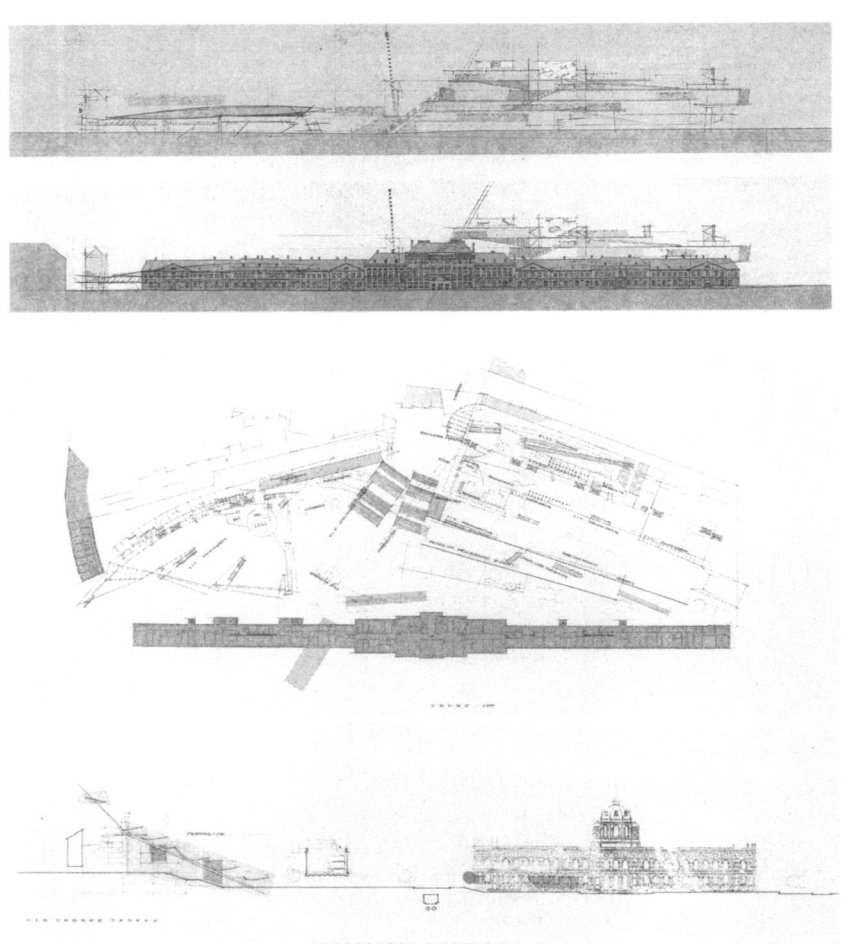

Behnisch & Partner: Wettbewerb Messepalast Wien 1988, Grundrisse, Schnitte, Ansichten

Das Fassen von Architektur in Worte

Coop Himmelblau

Textauszug aus dem Vortrag *Architektur ist jetzt*, gehalten in Frankfurt und London im November 1984.

„Ich wollte, der Wind hätte wenigstens einen Körper, aber alles das, was den Menschen am meisten erbittert und am frevlichsten verletzt, das alles ist körperlos; doch nur körperlos, wenn du es packen willst, nicht, wenn es dich packt."
H. Melville, Moby Dick, 135. Kapitel.

Offene Architektur. Wer oder wie oder was ist das? Oder: Wie sollen wir denken, planen, bauen in einer von Tag zu Tag zerfetzteren Welt? Sollen wir Angst haben vor dieser Zerfetztheit, sie verdrängen, und uns in die heile Welt der Architektur flüchten?
Abgesehen davon, daß Verdrängen Kraft braucht, Kraft und Intelligenz, die wir lieber für andere Dinge einsetzen: Es gibt sie nicht mehr, die heile Welt der Architektur, und es wird sie auch nie wieder geben.
Wir glauben daher nicht an die architektonischen Dogmen, die uns weismachen wollen, daß Wahrheit und Schönheit in der Architektur zu erreichen sind, wenn man die alten Regeln der Baukunst befolgt.
Es gibt keine Wahrheit. Und keine Schönheit in der Architektur.
Wir glauben daher nicht den Stadtrekonstrukteuren, die uns ins 19. Jahrhundert versetzen wollen, und dabei — und das ist kein Zufall — immer nur von Schließung sprechen. Von Schließung des Blocks, von Schließung des Straßenraums, von Schließung des Platzes.
Wir aber wollen keinen geschlossenen Platz, kein geschlossenes Haus, keine geschlossene Straße. Keinen geschlossenen Kopf und kein geschlossenes Weltbild.
Wir glauben nicht den funktionellen Funktionären und deren Architekten.
Auch nicht den Gefälligkeitspolitikern und deren Architekten.
Auch nicht den Wohnbauspekulanten und deren Architekten.
Auch nicht den Denkmalschützern und deren Architekten.
Allen diesen Architekten glauben wir nicht.
Wir glauben nichts und niemandem. Weil alle recht haben, aber nichts,

wirklich nichts, richtig ist. Alle haben recht, aber nichts ist richtig. Ein Aspekt der offenen Architektur.
Bei der Erklärung des Entwurfs der Merz-Schule wurde der Begriff „Offenes System" zum ersten Mal von uns geschrieben. „Offenes System" als Bezeichnung für komplexe, räumlich verschränkte Volumen, Übergänge, Situationen und deren mögliche Veränderung.
So, als ob man das Gebäude mit Röntgenaugen sehen könnte, begannen wir, Ansichten und Schnitte übereinander zu zeichnen. Schnittansichten entstanden. Konsequent gedacht sind sie Erlebnisdiagramme des Weges durch den Raum. Die Verdichtung und Lockerung des Gebäudes, Zusammenhänge — im gebauten Zustand nie in ihrer Gesamtheit zu sehen, nur zu spüren — werden am Plan scharf und sichtbar.
Die Themenkreise „Offene Architektur" und „Entwurf" wurden für uns zu Themenspiralen. Wir trennten das Wort „Entwurf" in die Silbe „ent" und das Wort „Wurf". Ent-wurf. „Ent", wie ent-äußern, entflammen. Wurf und Werfen.
Ohne zu wissen, wohin uns das führen sollte, begannen wir die Zeit des Entwurfsvorgangs zu verdichten und zu verkürzen. Das heißt, Gespräche über das Projekt werden zwar lange geführt, aber immer, ohne an räumliche Konsequenzen zu denken. Und dann plötzlich ist die Zeichnung da, auf dem Papier, auf dem Tisch, und gleichzeitig dazu entsteht das Arbeitsmodell.
Das geht so: Coop Himmelblau ist ein Team. Während des Zeichnens wird die Architektur in Worte gefaßt, dem anderen die Zeichnung erzählt, das Projekt erlebbar gemacht, der erlebte Entwurfsmoment vermittelt. (Beweisen können wir es nicht, aber wir vermuten sehr stark, daß, je intensiver der Entwurf vom Entwerfer erlebt wird, umso erlebbarer wird der gebaute Raum.)
Und dieser Augenblick, wo Architektur gelebt wird, wo man Architektur spürt, das ist der Augenblick des „Ent-wurfs". In diesem Moment zerfallen alle Sachzwänge, die Kausalität steht Kopf. In diesem Moment ist Architektur jetzt.

COOP Himmelblau: „Hot Flat", Wohnhausprojekt, Wien 1978

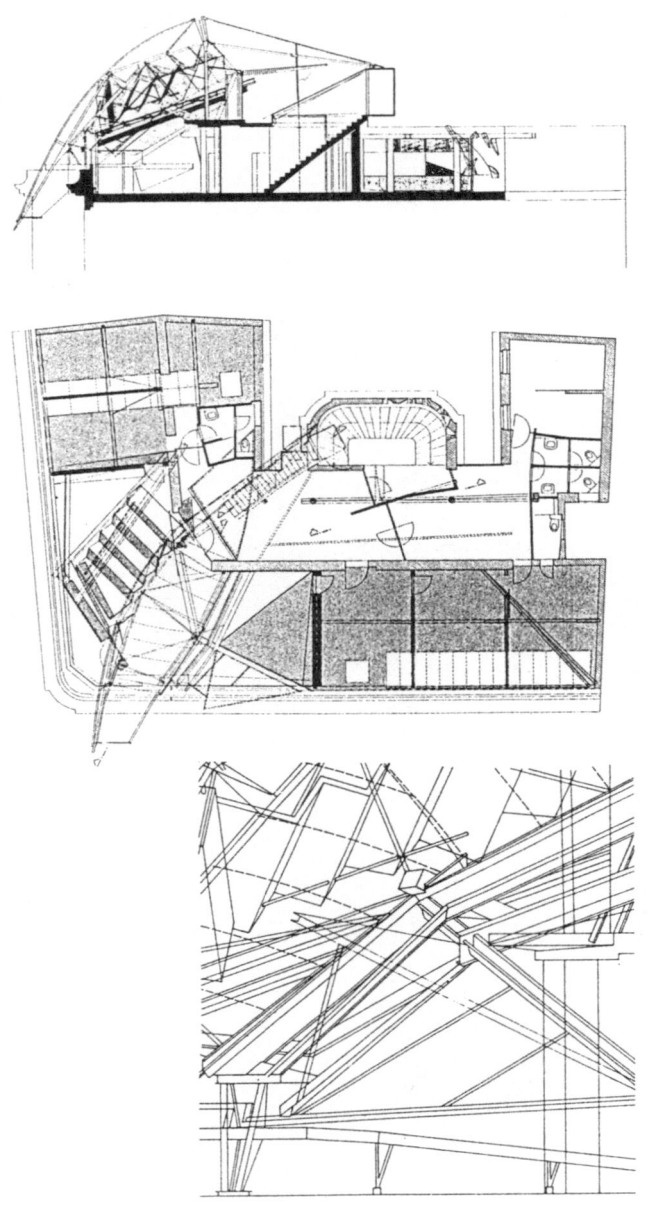

COOP Himmelblau: Dachausbau, Wien 1988, Grundriß, Schnitt, Detail

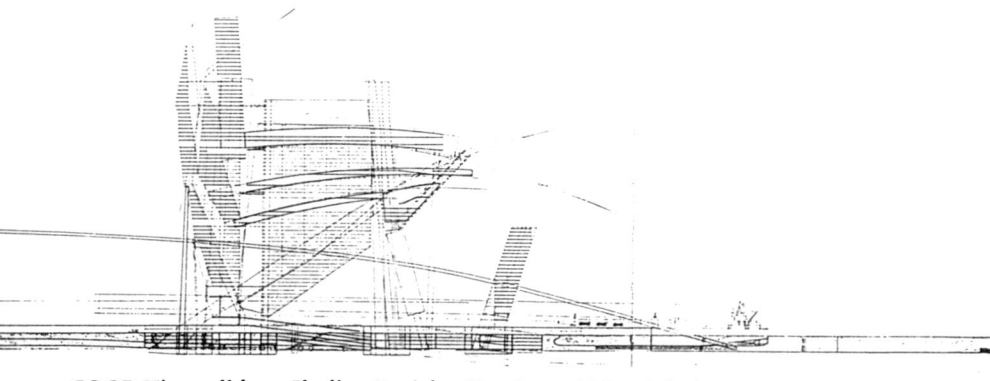

COOP Himmelblau: Skyline-Projekt, Hamburg 1985, Schnitt

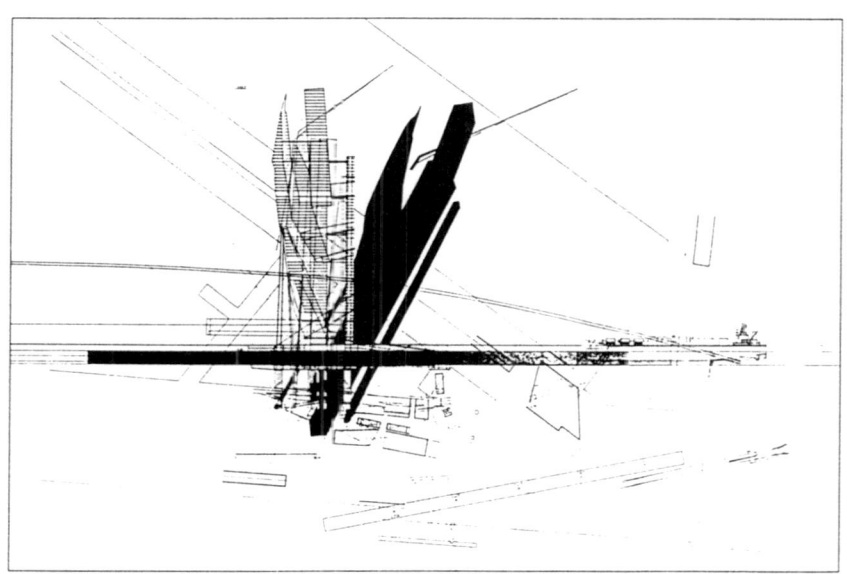

Gesamtdarstellung

Zum Forschungsinstitut der Carnegie Mellon Universität und dem Verwaltungsgebäude der Oxford Development Company[1]

Peter Eisenman

Der Präsident der Carnegie Mellon Universität, der Bauherr eines dieser beiden Bauten, sagte am Anfang der Entwurfsphase zu mir: „Peter, seit 500 Jahren geht der wissenschaftliche Diskurs über das Thema: der Mensch erobert die Natur. Er erobert die Natur durch rationale, durch gute, durch verläßliche Dinge, und schließlich nehmen diese den Charakter des Natürlichen selbst an, d. h. des Schönen. Daraus folgt offenkundig", sagte er mir, „daß auch die Architektur von der Eroberung der Natur handelt, denn Architektur symbolisiert die Strukturen der Gesellschaft und ihre Beziehung zum Kosmos: die Architektur spiegelt die Gesellschaft wider." Deshalb – unausgesprochen – habe Architektur den Kampf des Menschen gegen die Natur repräsentiert und symbolisiert. „Heute", sagte er, „ist das nicht mehr das Problem, mit dem sich die Wissenschaft befaßt. Es ist nicht länger mehr das entscheidende Thema wissenschaftlichen Denkens. Das heutige Problem des Menschen ist, das Wissen zu beherrschen: Sehen Sie", sagte er, „Computer haben Wissen, die Roboter haben Wissen, die technologischen Klone, die wir entwickeln, haben Wissen. Der Mensch aber besitzt Weisheit. Die Revolution des Wissens, die Systeme des Wissens und die künstlichen Intelligenzen sind außer Kontrolle geraten und haben begonnen, den Menschen zu kontrollieren anstatt umgekehrt. Die heutige Wissenschaft versucht, einen Weg zu finden, das Wissen und die Revolution des Wissens zu kontrollieren." Und mein Bauherr sagte dann zu mir: „Peter, Ihr Architekten habt zu lange ein Problem gelöst, das gar nicht mehr das eigentliche ist." Er sagte: „Ich möchte, daß Sie ein Gebäude entwerfen, das die menschliche Fähigkeit symbolisiert, das Wissen zu beherrschen." Ich sah ihn an und fragte mich, was das zu bedeuten habe? Er meinte: „Wissen Sie, Sie sind ein Architekt, der aufregend und sensibel sein soll. Aber", fügte er hinzu, „es gibt nichts in dieser Richtung, das mich im mindesten aufregen würde. Ich möchte nicht, daß Sie das Problem nur illustrieren. Ich möchte nicht, daß Sie die Fassade mit einem Computer-Chip dekorie-

---

1 Beide Projekte wurden gleichzeitig entwickelt und liegen an 2 gegenüberliegenden Seiten desselben Geländes.

ren, den zerschneiden und dann sagen: ‚Seht her, wir haben die Beherrschung des Wissens symbolisiert'. Nein", sagte er, „davon spreche ich nicht. Ich will etwas vie. Bedeutungsvolleres. Ich will etwas, das die besondere Art des Menschen herausfordert, Raum in Besitz zu nehmen, nicht nur die Oberfläche dieses Raumes." Und er fügte hinzu: „Und ich glaube nicht, daß Sie das schaffen."

Zu tun, was der Bauherr wünschte, verlangte eine Verschiebung in der Konzeptualisierung von Architektur. Das Thema ist nicht mehr nur, wie in der Vergangenheit, das Widerstehen gegen die Kräfte der Schwerkraft, sondern vielmehr die Art und Weise, wie das symbolisiert wird. Mit anderen Worten, es reicht nicht, nur auszudrücken, daß Bauen rational, zuverlässig, schön, gut sein muß, daß es in seiner Nachahmung des Natürlichen die Beherrschung der Natur ausdrückt. Vielmehr entsteht, da der architektonische Diskurs sein Zentrum von der Natur auf das Wissen verlagert, ein sehr viel komplexeres Thema, das eine komplexere Form architektonischer Realität erfordert.

Dieses neue, komplexe Thema für die Gebäude wurde als ein „Boolescher Kubus" oder eine n-geometrische Figur angenommen. Der Boolesche Kubus ist eine Struktur mit einer unbegrenzten n-Zahl von geometrischen Formen; die Struktur ist das Modell für den Entwurf von Computern auf dem Gebiet der künstlichen Intelligenz, da der Boolesche Kubus für den Computer die Möglichkeit bereithält, über einen einfachen Informationsrahmen hinauszugehen. Die Multiplizierung von n-Geometrien erlaubt die Auswahl aus mehreren Wegen hin zur gewünschten Information, so daß z. B. von jedem Punkt in einem 1000-n-Kubus ein Zug in 1000 verschiedene Richtungen innerhalb der Informationsmatrix erfolgen kann. Das erlaubt parallele Züge mit mehrfachen möglichen Abschnitten, die auf einem systematischen Rahmen basieren, in dem *zufällige* Erscheinungen erzeugt werden. Das wiederum erlaubt, zufällige Ereignisse rational innerhalb der parallelen Systeme auf nicht-lineare Art nachvollziehbar zu machen.

Da der Boolesche Kubus auf doppelten und kontrollierten Verbindungen beruht, ist er immer diagonal symmetrisch und behält eine homogene Dichte aufgrund der gleichen Entfernung der Verbindungen. Insofern ist der Boolesche Kubus eine komplexe Struktur, die zwischen der Reinheit eines platonischen Körpers und der unbegrenzten und unendlichen Form einer nicht-euklidischen Struktur liegt. Da die Form auf der unendlichen Verdoppelung und Wiederverbindung mit sich selbst beruht, ist es eine instabile und unendliche n-geometrische Figur; aber in einem Moment eingefroren, zeigt er Eigenschaften wie die Symmetrie platonischer Körper. Der Boolesche Kubus erlaubt außerdem

eine progressive und eine regressive Lesart. Zum Beispiel macht die Teilung der Figur innerhalb des 4-n-Kubus die Sicht auf zwei 3-n-Kuben möglich.
Jedes Gebäude der Projekte nun ist auf drei Paaren von 4-n-Booleschen Kuben aufgebaut. Jedes Paar enthält zwei feste Kuben mit 40°- und 45°-Kanten und zwei offene Rahmen, ebenfalls mit 40°- und 45°-Kanten. Jedes Paar kann als das Innere des anderen in festem Volumen oder als Leere betrachtet werden. Der feste 4-n-Kubus unter 40° und der offene Rahmen stehen in einer 5-n-Beziehung zueinander dort, wo ihre Punkte 40° voneinander entfernt in paralleler Orientierung liegen. Der feste 4-n-Kubus unter 45° und der Rahmen sind in eine 5-n-Beziehung in paralleler Orientierung gesetzt. Das stellt das Projekt zwischen eine Lesart als 5-n-Kubus, die zwischen fester Form, Rahmen und 4-n-Kubus oszilliert. Eine weitere Lesart würde die zwei Paare von 5-n-Kuben als einen einzigen 6-n-Kubus einschließen. Es ist die Funktion der asymptotischen Kurve, die die zwei Paare in eine andere oder 6-n-Beziehung bringt.
Diese Paare sind kontinuierlich und progressiv positioniert, so daß sie aus ihrer gegenseitigen Abhängigkeit geraten, während sie doch innerhalb der 5-n-Beziehung bleiben. Die Kette von festen 4-n-Kuben und Rahmen unter 45° verläuft in einer asymptotischen Kurve, und die Kette der festen 4-n-Kuben und Rahmen unter 40° sowie die Rahmen unter 45° sind auf eine exponentielle Folge von Kippbewegungen gestellt. Eine Sinuskurve ist entsprechend der Lage in Phasen und der asymptotischen Kurven der 4-n-Kuben geschaffen.
Die Überlagerung von zwei festen Körpern oder zwei Rahmen schafft sowohl Eindrücke als auch Spuren. Zum Beispiel hinterläßt die Rotation der Rahmen von ihrer schiefen Position zu einer vertikalen und von der horizontalen Position zu einer asymptotischen gekippten Lage Eindrücke auf dem festen Körper. Wo die Rahmen über den festen Kuben liegen, hinterlassen die Rahmen eine Spur auf der Oberfläche der festen. Die Gegenwart eines 40°-Rahmens über einem 45°-Festkörper hinterläßt den Umriß des n-Kubus unter 40° als eine Spur auf der Oberfläche des 45°-Kubus. Bei dieser Konstellation wird die Fehlerhaftigkeit des Menschen als Unterscheidung der Hyperrationalität der Formen von Wissenssystemen gesehen, die zu einem neuen und komplexen Zustand des Schönen führt.
Die beiden Gebäude sollen im Herbst 1989 gebaut werden.

Übersetzung: G. Kähler

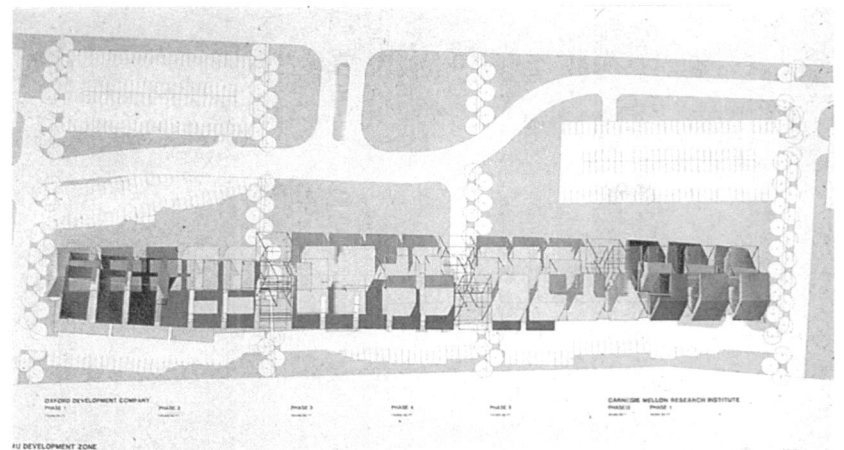

Eisenman Architects: Forschungsinstitut der Carnegie Mellon Universität, Gesamtplan

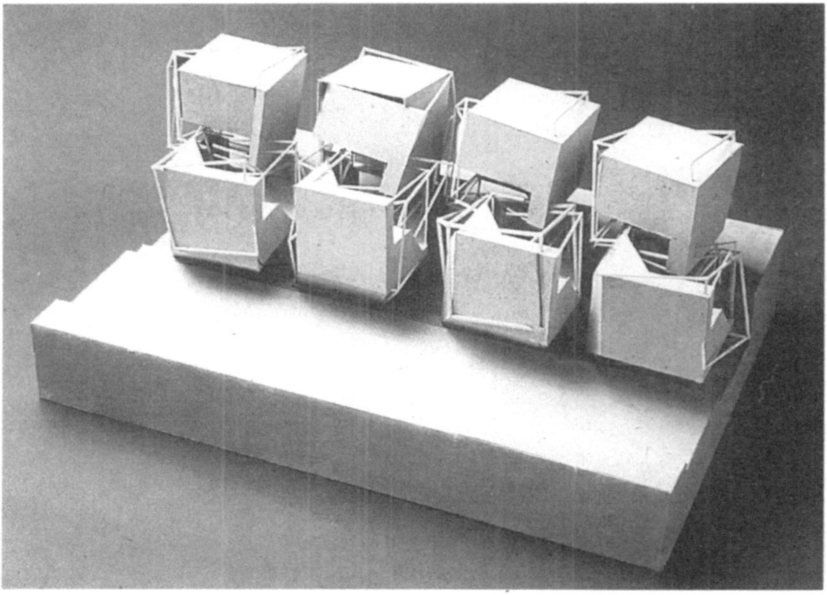

Arbeitsmodell

Schnitt

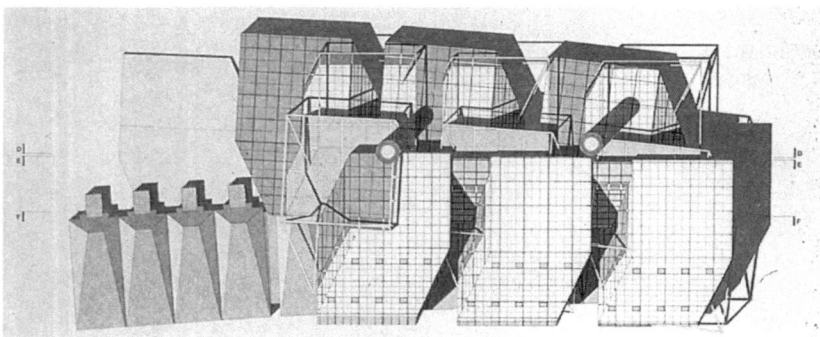

Grundriß Ebene 4

Dachaufsicht

Ansicht von Norden

Modell

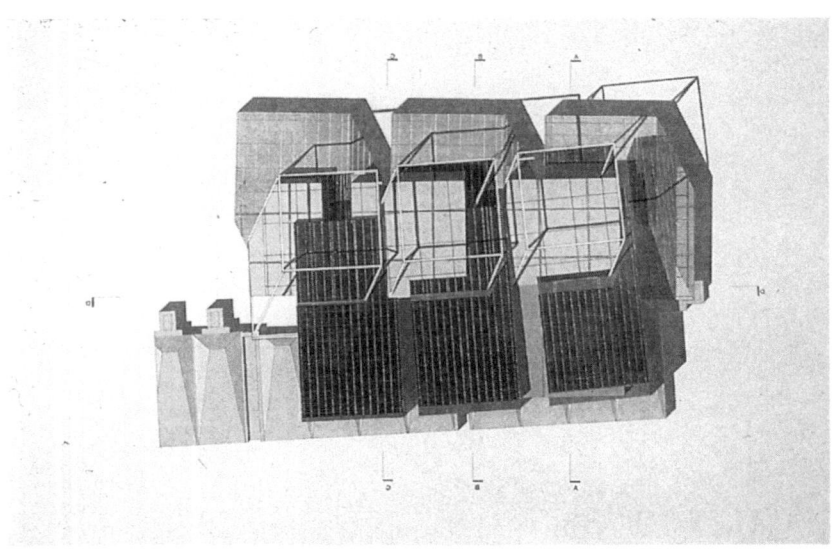

Eisenman Architects: Verwaltungsgebäude der Oxford Development Company, Dachaufsicht

Grundriß 6. OG

Projekt Friedhof Città Castellana

Massimiliano Fuksas

Die morphologischen Elemente, die wir als bedeutsam für den architektonischen Eingriff angesehen haben, sind neben den morphologischen Eigenschaften des Gebietes auch die Bahn, die Straße, die Unterführung und der nahe gelegene alte Friedhof. Aufgrund vorheriger Erfahrungen, das gleiche Thema betreffend, haben wir uns als Wichtigstes vorgenommen, die einzelnen Grabstätten vor Sicht von außen zu schützen bzw. sie zu hindern und die Bauarbeiten für die Erweiterung zeitlich zu begrenzen, um zu vermeiden, daß diese Erweiterungsarbeiten eine ewige Baustelle werden.
Unser Gedanke: der Friedhof sollte ein eingegrenzter Bezirk sein, auf dessen Innenseite die Grabnischen und die „Räume" für alle notwendigen Dienste liegen: Eine gekrümmte Wand, eine durchgehende Linie, eine Mauer aus Tuffstein, wie es Tradition in dieser Gegend ist.
Nach unseren Überlegungen und in Anbetracht des Umfeldes sollte die Form ein starkes und eindeutig definiertes, jedoch einfaches Zeichen, frei von Formalismen, sein, ein Oval, eine mit dem Gelände harmonisierende Linie.
An der Innenseite der Umfassungsmauer befinden sich die Grabnischen, innerhalb der Mauer dieser Stadt eine einzige Straße, die sie durchquert und in einen Tunnel endet, an der Seite der Straße drei kleine Gebäude: die Kirche, der überdachte Platz, das Ossarium.

Übersetzung: Maria Luisa Dürkopp

Massimiliano Fuksas, Anna Maria Sacconi: Friedhof Città Castellana, 1985, Modell, Foto: D. O. Mandrelli

Ansicht, Foto: D. O. Mandrelli

Gesamtansicht aus dem Tunnel, Foto: D. O. Mandrelli

Inneres des Ossuariums, Foto: D. O. Mandrelli

Umbau des Rathauses in Cassino: 3. Projekt 1985

Massimiliano Fuksas

Endlich, nach fünf Jahren, ist es uns gelungen, mit den Bauarbeiten am Gemeindehaus in Cassino anzufangen. Fünf Jahre und drei Projekte.
Beim 1. Projekt im Jahre 1980/1981 wollte man einen Turm bauen, ähnlich wie der Stuhl von Mackintosh.
1984 wurde das Projekt wiederaufgenommen. Der Bürgermeister wollte ein Gebäude aus Kristall und Eisen haben, sehr amerikanisch, sehr schlicht ... Wir machten einen Entwurf, der mit dem Parallelepipedon aus Eisen und Glas nichts zu tun hatte.
Die Idee: Wir hatten den absurden Gedanken, täglich nur die ersten Stockwerke der Gebäude zu sehen. Das ist die Stadt. Man geht nicht mit der Nase nach oben!
Aber was kann über einem schlichten Gebäude sein? In Rom gibt es die Stadt auf den Dächern mit den unerlaubten Terrassen. In Paris die Mansardenwohnungen und die Restaurierungsarbeiten des Louvre, die Käfige aus Blech für die Bauten, nur auf den Dächern: Eines Tages, während eines Spazierganges in der Rue de Rivoli, warfen wir, wie die Touristen, den Blick nach oben und sahen auf dem Dach des Louvre ein „Haus" aus Blech, mit Fenstern und anderen Sachen. Es waren die Schutzgerüste für den Umbau des Daches.
In Cassino haben wir eine Stadt aus Blech auf einem Gebäude aus Zement mit richtigen Fenstern gebaut. Und diese „Hängestadt" wird mit dem Boden durch große Stahlpfeiler verbunden.
Endlich haben wir mit den Bauarbeiten begonnen. Niemand spricht mehr von Eisen und von Glas. Es scheint, daß dieses Projekt das ist, was alle wünschten.

Übersetzung: Maria Luisa Dürkopp

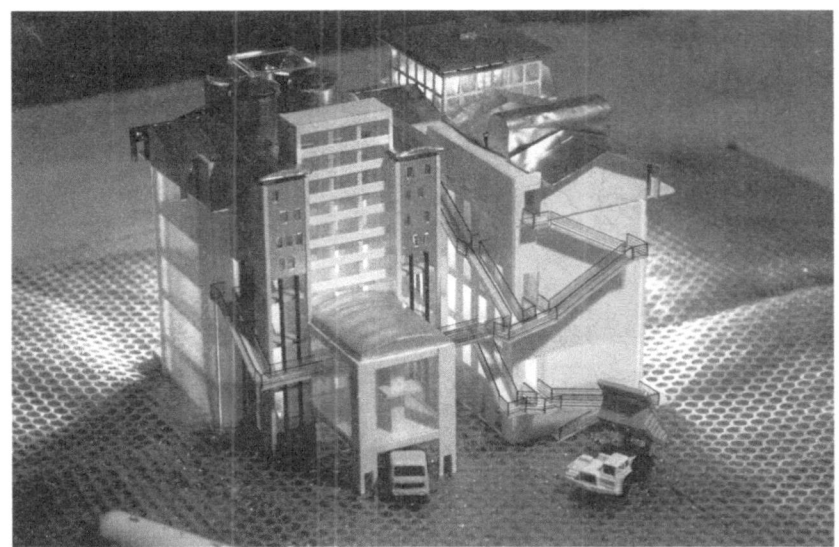

Massimiliano Fuksas, Anna Maria Sacconi: Umbau Rathaus Cassino, 3. Projekt 1985, Modell, Foto: M. Brugé

Skizze

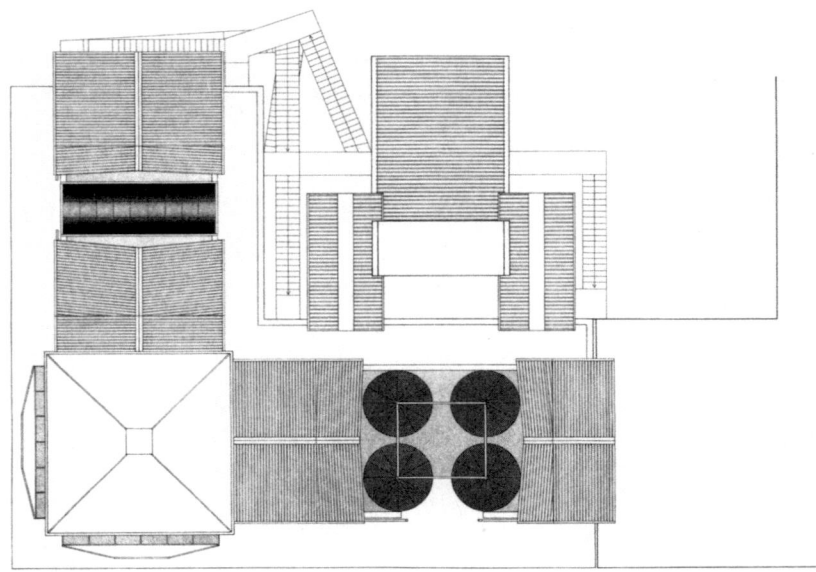

Dachaufsicht

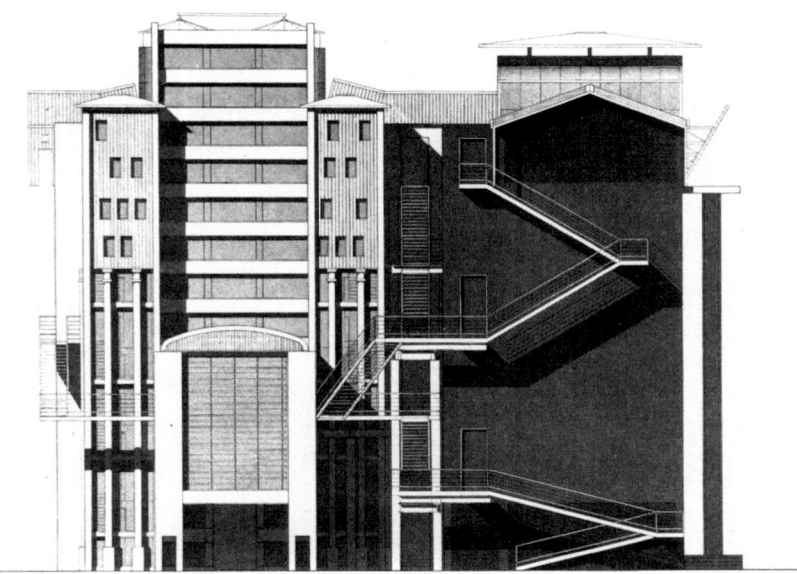

Eingangsseite

Dachgeschoß, Foto: M. Brugé

Die Illusion der Architektur

Rem Koolhaas

Wichtiger als die Gestaltung der Städte ist heute und in naher Zukunft die Gestaltung ihres Zerfalls. Nur durch den revolutionären Prozeß des Ausradierens, der Errichtung von „Freiheitszonen", in denen alle Architekturgesetze außer Kraft gesetzt sind, wird eines der unlösbaren Probleme städtischen Lebens aufgehoben sein: die Spannung zwischen Programm und Inhalt. Die heutige Tragödie ist, daß Planer nur planen und Architekten nur weitere Architektur gestalten können.
Wenn die jüngsten Zugaben zum Schlackehaufen der Geschichte ebenfalls dort gelandet sind, weil sie mit ihrer stilisierten Häßlichkeit den wirklichen Gehalt vernichten, wird die Untersuchung und Kultivierung des Nichts eine versteckte Tradition deutlich machen — das ganze Konglomerat der angelsächsischen 60er Jahre-Gegenkultur, denn die Hippies waren schon viel weiter.
Das Projekt für Amsterdam, aber mehr noch für La Villette und die Expo sind Versuche, die Qualität des Nichts als Herz der Metropole zu formulieren. Die Leere in der Metropole ist nicht sprachlos, sondern jeder Leerraum innerhalb einer bestehenden städtischen Struktur kann für die Programme benutzt werden, die interessante, heutige Aktivitäten ermöglichen.
Die Beständigkeit, die selbst in der frivolsten Architektur steckt und die Instabilität der Metropole sind unvereinbar. In diesem Konflikt ist die Metropole per definitionem auf der Gewinnerseite. Die Architektur ist in ihrer gegenwärtigen Realität auf den Status eines Spielzeugs reduziert worden; sie wird toleriert als Dekor von Geschichts- und Erinnerungsillusionen. In Manhattan wird dieses Problem brillant gelöst: durch die Entwicklung einer sich ständig ändernden Architektur, die die Aura der Monumentalität mit der Darstellung der Instabilität kombiniert. Das Innere eines Gebäudes paßt sich den Programmen und Aktivitäten an, die sich ständig, unabhängig voneinander ändern können, ohne die äußere Hülle zu beeinflussen. Das Geniale an Manhattan ist die Einfachheit, mit der Erscheinung und Darbietung getrennt sind. Die Illusion von Architektur bleibt erhalten, obwohl sich die Gebäude längst den Ansprüchen der Metropole übergeben haben. Diese Architektur bezieht sich auf die Kräfte der Großstadt, wie ein Surfer auf die Wellen. Das Wesentliche von *Delirious New York* wird in

dem Abschnitt über den Down Town Athletic Club deutlich: eine turbulente Anhäufung metropolitanen Lebens in immer wechselnden Situationen; eine Maschine, die Ausgleich bietet durch ein Übermaß an Hedonismus, mit einem tollkühnen Programm in einem durchschnittlichen sogar langweiligen Hochhaus. La Villette ist noch radikaler: es reduziert den dreidimensionalen Aspekt fast komplett und bietet stattdessen nur reines Programm an, losgelöst von jedem Inhalt. Die einzige Sicherheit wird mit natürlichen Elementen geboten, mit Baumreihen und dem runden Wald — der Waldmaschine —, die aber durch ihr Wachstum selbst die eigene Instabilität bestätigen. Letztendlich zeigt La Villette die reine metropolitane Bedingung: Dichte ohne Architektur, eine „Culture of Congestion" — die Kultur der „nicht wahrnehmbaren" Verdichtung.

In den 70er Jahren schwelgten die Architekten im Gegenteil in der Illusion der Unterordnung in die Geschichte. Auf die Geschichte zurückschauend, entdeckten sie nicht nur alte Formen, sondern auch die Merkmale früherer Möglichkeiten und Stellungen — eine neue Belesenheit, die sich an der ersten Seite des Geschichtsbuchs festhält: Tür, Säule, Architrav, Schlußstein. Endlose Achsen, beeindruckende Symmetrien, gewaltige Kompositionen — was waren sie, wenn nicht Werk von Architekten? Aufgeblasen mit nostalgischen Träumen der Omnipotenz, bereichert die Belesenheit die exclusive Konzentration auf die Form, die sie gleichzeitig zerstört. Ein ganzer Berufsstand blickt in selbstsicherer Überheblichkeit auf das Ende des 20. Jahrhunderts. Zweideutig, wie Massengräber ohne Zugabe, verdeutlicht das eine Serie von großen Wettbewerben: niemals zuvor ist ein Berufsstand so unverschämt abgeschnitten worden von Wirksamkeit und Geld, wie die Architekten in den letzten 15 Jahren; gleichzeitig tritt jeder Entwurf den Marsch durch eine neue Stadt, eine neue Urbanität an. Hat es jemals eine Disziplin gegeben, die in einer so schlechten und guten Verfassung ist wie die Architektur in den letzten 10 Jahren? Mehr und mehr drückt Architektur der Welt Strukturen auf, nach denen sie nicht gefragt hat.

Daraus folgt ihre komplette Angreifbarkeit: Architektur ist für immer in der demütigenden Situation eines Liebhabers, der seine Vorzüge genau der Person aufzeigt, die das Interesse an ihm verloren hat. Gibt es irgendeinen Zusammenhang zwischen der Tatsache, daß in dem Moment, in dem die Welt das Interesse an Architektur verliert, ein Berufsstand die Architektur wiederentdeckt? Die Wiederentdeckung, die ihre Geburt in einer langsam vorwärtskommenden Avantgarde feierte, den Konferenzen, Shows, Publikationen, demonstriert ein Interesse, das niemals in irgendwelche Ergebnisse, Anerkennung oder Vertrauen umgesetzt wurde. Dieser Zirkus ist wie ein kaltes Feuer, ohne Funken, steril in seinem Beitrag zur Mythologie. Tatsächlich hat das Wiederauftauchen von Architektur mehr Ähnlichkeit mit einer Selbst-Therapie gegen die anonyme Architektur. Eine sich selbst helfende Gruppe von Süchtigen, die alle in derselben Situation stecken, versucht, ihre traumatischen Wunden zu kompensieren durch endlose, ritualisierte Beschwörungen der Geschichte, um damit die eigene Sicherheit zu wattieren.

Übersetzung: Wolfgang Wagener
(zuerst in: arch + 86/1986)

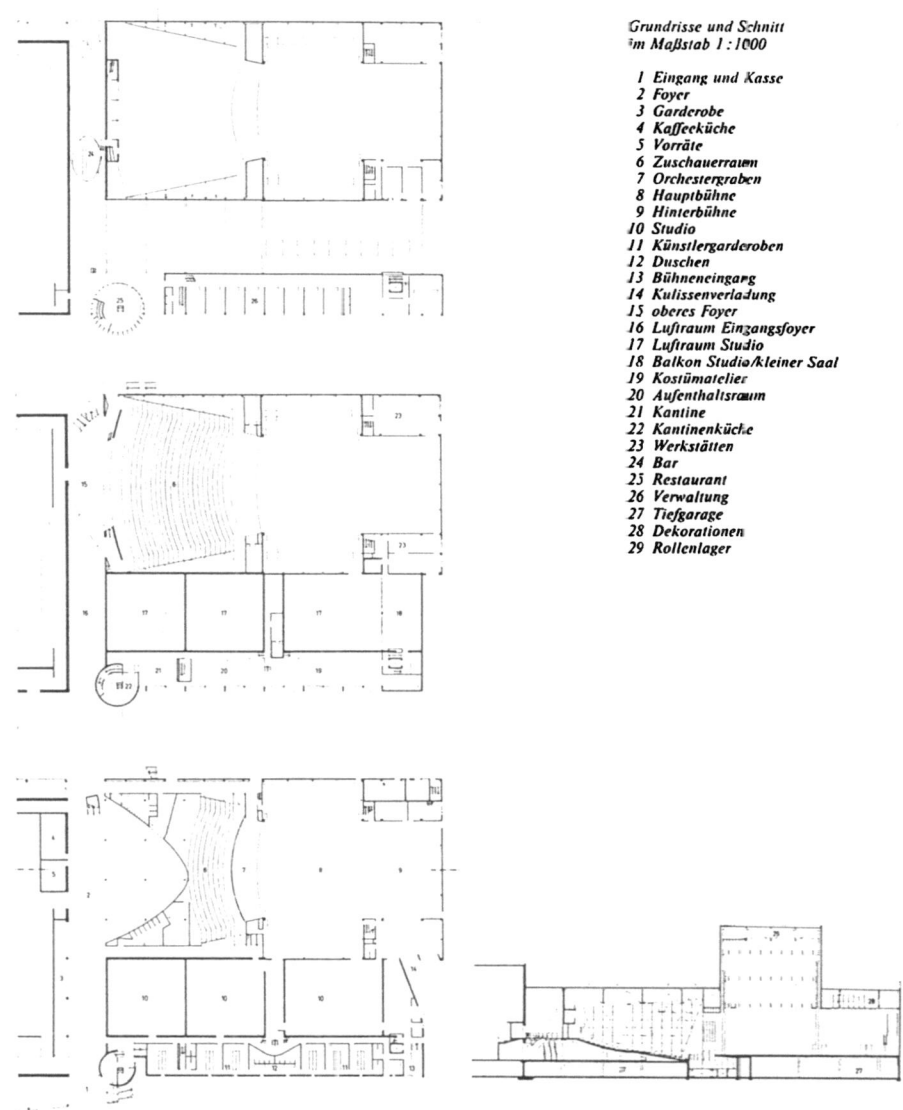

Office of Metropolitan Architecture/Rem Koolhaas: Nederlands Dans Theater, Den Haag 1988, Grundrisse, Schnitt

Foyer, Foto: G. Kähler

Lageplan

Office of Metropolitan Architecture/Rem Koolhaas: Wettbewerb sozialer
Wohnungsbau, Lützowplatz Berlin 1980, Isometrie

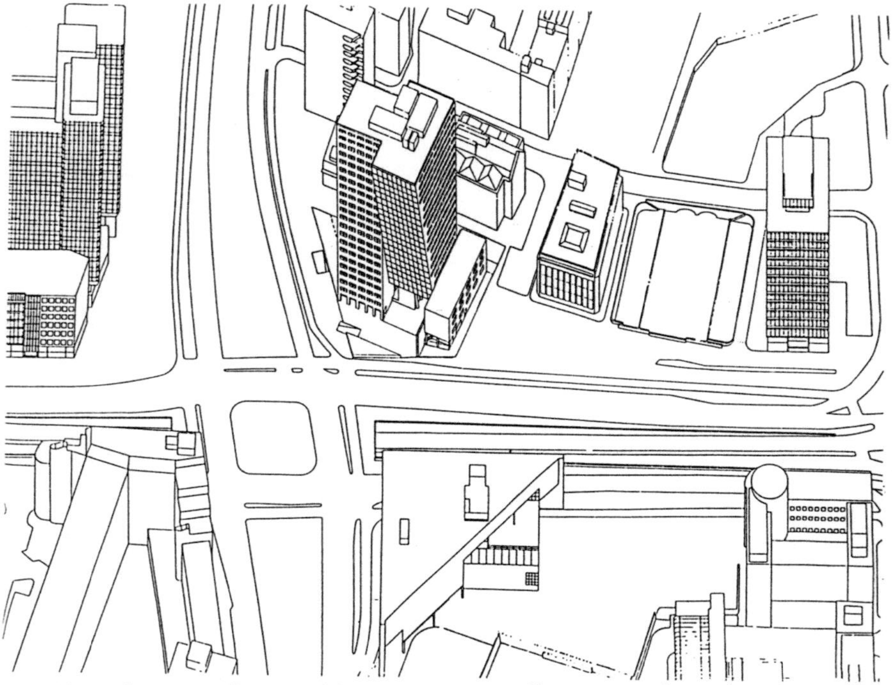

Office of Metropolitan Architecture/Rem Koolhaas: Verwaltungsbau Rotterdam, Projekt 1984, Isometrie

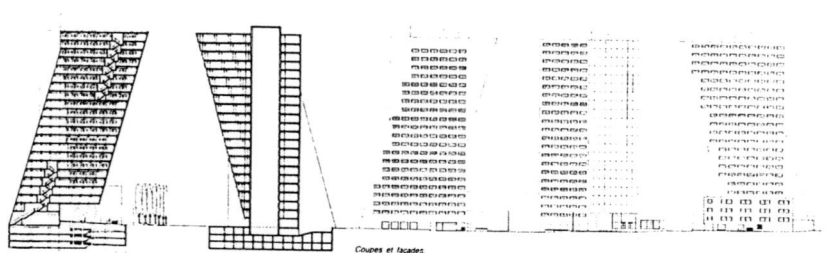

Ansichten, Schnitte

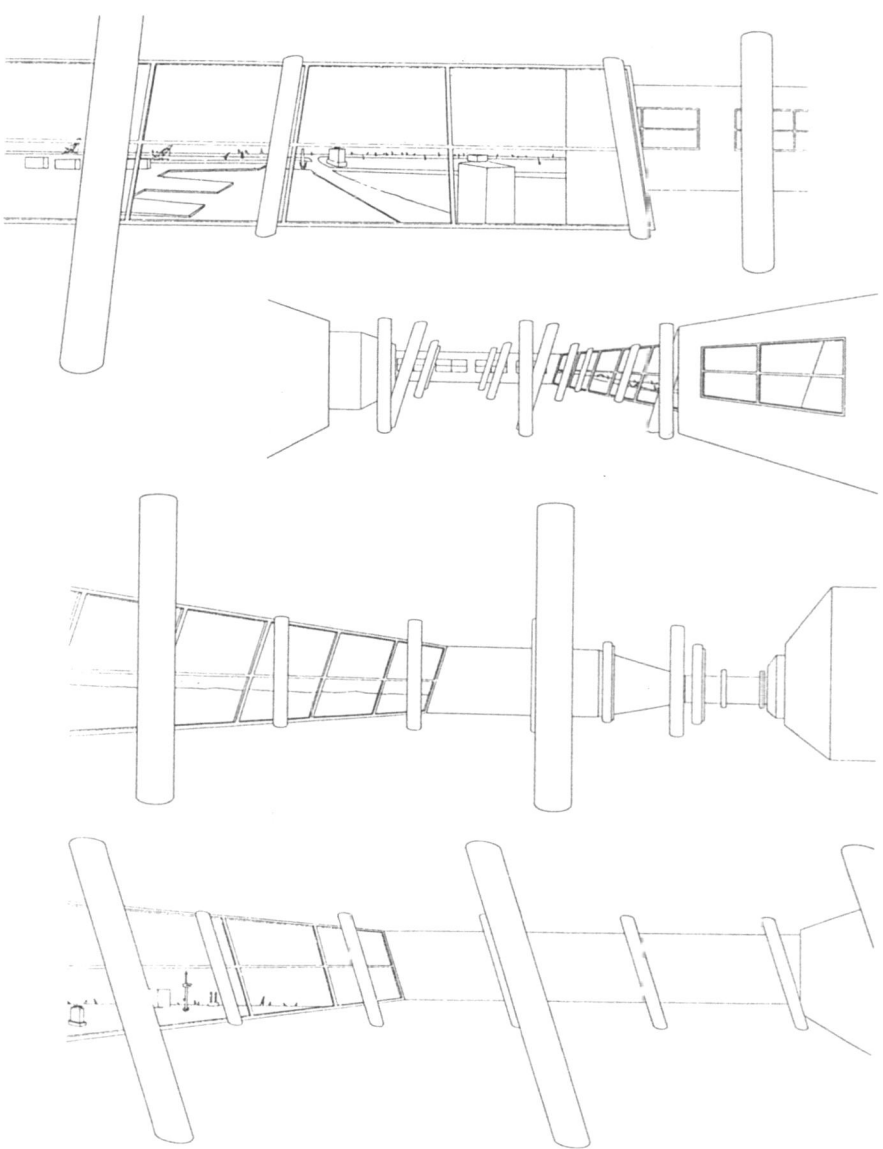

Innenraumperspektiven

Texte und Projekte

Befragt: Bernard Tschumi

Auszüge aus einem Interview, das im Rahmen einer öffentlichen Veranstaltung der Hamburgischen Architektenkammer im September 1987 geführt wurde.
In die Fragen und Zwischenbemerkungen — kursiv gedruckt — teilten sich Hartmut Frank, Igor Jenik und Ulrich Schwarz.

B. T.: Einige Leute sagten — ich weiß nicht, ob es nun gut oder schlecht ist —, daß wir die letzte kritische Generation seien. Ich weiß es auch nicht, aber letztlich war der Mai '68 in Paris schon ein Schlüsselerlebnis. Damit fertig zu werden, heißt, in der Lage zu sein, alles in sich aufzunehmen und als faszinierend und anziehend zu empfinden.
Waren Sie selbst politisiert zu der Zeit?
Nicht im Sinne von Parteipolitik, sondern im Sinne einer kritischen Haltung zur Gesellschaft. Diese kritische Haltung war wichtig. Damals habe ich vieles in einem viel breiteren sozio-ökonomischen Rahmen betrachtet, als ich es heute tue, wo ich etwas pessimistischer geworden bin, was die Beziehung von Architektur und Gesellschaft angeht.
Haben Sie damals Architektur und die Tätigkeit des Architekten mit einer utopischen Perspektive verbunden?
Nein, denn genau zu der damaligen Zeit erkannte man das Ende der Utopie. Man erkannte, daß die ganze utopische Tradition in der Architektur nicht als Grundlage von Theoriegebäuden geeignet ist. Damals schien mir diese Tatsache mit bestimmten sozialen, ökonomischen und politischen Umständen zusammenzuhängen. Einige Jahre später kam ich dann zu der Überzeugung, daß das Ende der Utopie mit dem Ende einer historischen Epoche zusammenhängt und daß sich am Ende des 20. Jahrhunderts etwas Grundsätzliches ereignet hat. In der Zeit zwischen den Weltkriegen ist eine ganze Welt von Idealen und Ideen zusammengebrochen, die Idee der Kirche, die Armee, die Familie — und das heißt: die Institutionen. Architektur hatte immer sehr viel mit Institutionen zu tun, aber das ist vorbei, da diese Institutionen in Wirklichkeit nicht mehr existieren.
Aber dennoch bezeichnen Sie das La-Villette-Projekt als Architektur des 21. Jahrhunderts?

Es ist, wenn Sie so wollen, Reklame. Oder anders gesagt, es bezieht sich auf die simple Tatsache, daß der Parc de La Villette erst 1991/92 vollendet sein wird, und bis sich die ganze Sache entwickelt hat und die Bäume gewachsen sind, haben wir schon das Jahr 2000, und damit das 21. Jahrhundert. Ganz einfach. La Villette stellt keine Utopie des 21. Jahrhunderts dar. Es ist im Sinne der Chronologie gemeint, aber natürlich spiele ich gleichzeitig mit der Ambiguität, so wie ich in diesem Projekt mit vielen linguistischen Ambiguitäten spiele. *Folie* z. B. hat im Französischen zwei Bedeutungen. Die eine Bedeutung ist „kleines Gebäude", aber es bedeutet auch „Verrücktheit". Im Begriff des 21. Jahrhunderts steckt auch das Ideal eines neuen Programms, einer neuen Gesellschaft, aber gleichzeitig glaube ich nicht daran.

Dennoch ist Ihr Projekt avantgardistisch?
Ich habe Probleme mit dem Begriff Avantgarde, wie wahrscheinlich viele von uns. Daher möchte ich ihn lieber nicht verwenden und stattdessen von Grenzen sprechen. Ich würde sagen: Ja, das Programm bewegt sich irgendwie an der Grenze eines bestimmten Bereichs des architektonischen Wissens. Diese Grenze kann jedoch vor uns, hinter uns, über uns oder auch unter uns liegen. Man kann dieses Projekt nicht mit dem Begriff Avantgarde beschreiben.

Aber die Diskussion über Fragmente, über Strenge usw., das ist doch eine übergreifende Frage und berührt auch die zentrale Diskussion unserer Zeit. Ich betrachte Ihr Projekt als einen Beitrag zu diesem Diskurs und stelle die Frage, ob es sich in der Tradition des avantgardistischen Denkens unseres Jahrhunderts bewegt oder ob es etwas Anderes, Neues darstellt.
Jeder Versuch, ganz gleich in welcher Disziplin, besteht darin, die Grenzen des Wissens zu verschieben, diese Grenzen immer weiter nach vorne hin zu verschieben. Ob Sie nun Mathematiker sind oder aber ein Chemiker, der mit Biochemie zu tun hat: immer versuchen Sie, dieses Wissen voranzubringen. Aber bedeutet das Avantgarde? Avantgarde ist in gewisser Weise eine Ideologie.

Sagen wir, es ist eine Art Evolution.
Evolution: mit dem Wort muß man vorsichtig sein, weil bei ihm immer die Vorstellung mitschwingt, es bewege sich etwas sanft, glatt und langsam. Ich glaube, was sich gegenwärtig abspielt, ist eher folgendes: erst das, dann das, dann das, dann das, verstehen Sie, eine Art Drängen in verschiedene Richtungen, die widersprüchlich sein können, nicht so etwas Reibungsloses und Glattes.

Wir sprechen jetzt über die Beziehung zwischen Ihrer Architektur und Ihrem Bild von der Architektur und Ihrem Bild von der Gesellschaft,

von der Geschichte. Einerseits sagen Sie, Architektur sei autonom strukturiert oder sollte es zumindest sein, unabhängig von der Geschichte, einer Ideologie. Aber andererseits sagen Sie: ,,Ich will mit dem Parc de La Villette zeigen, wie die Gesellschaft gegenwärtig funktioniert, wie unsere Kultur gegenwärtig funktioniert." Gut, der Parc de La Villette, er ist kein utopisches Bild, aber vielleicht gibt es zumindest eine verborgene Beziehung zwischen Ihrem Bild von der Architektur und Ihrem Bild von der Gesellschaft. Da besteht eine Beziehung.
Das ist Baudrillards Kritik an meinem Projekt. Baudrillard sagt, der Parc de La Villette sei nicht so, wie die Welt sein sollte, er sei so, wie die Welt ist. Er richtet das an mich als Kritik, ich betrachte es als Kompliment.
Aber welche Absicht steckt dahinter? Warum sollte der Park so sein, wie die Welt wirklich — die Betonung liegt auf ,,wirklich" — ist? Warum sollte der Park ein Spiegel dessen sein, was Sie für wirklich halten?
Genau genommen ist er kein Spiegel. Ich will, daß die Leute, die diesen Teil der Stadt benutzen, ihre eigenen Phantasien projizieren können, seien es nun unbewußte Phantasien oder eher programmatische Phantasien. Ich will, daß sie den Park dazu benutzen mögen, riesige Festgelage in ihm abzuhalten oder sagenhafte Sport- oder Rockgeschichten oder was auch immer zu veranstalten; eben alle Arten von kulturellen Aktivitäten wie etwa auch eine Kunstausstellung mit neu gepflanzten Rosen drum herum. Das Ziel der Architektur besteht darin, ihnen bei dieser Art von Projizierung zu helfen. Es handelt sich also nicht um einen Spiegel. Es gab eine Zeit, in der bestimmte Gebäude der Spiegel der Institution zu sein versuchten: die Bank, die stark auszusehen versuchte. In diesem Fall verhält es sich nicht so. Das La Villette-Projekt unterscheidet sich auch von dem, was sich, sagen wir, in der russischen Revolutionsperiode ereignete, als die russischen konstruktivistischen Architekten wollten, daß ihre Architektur sowohl eine Reflektion der zukünftigen Gesellschaft sei als auch eine Form, die diese neue Gesellschaft gestalten und prägen würde.
Sie stellen im Parc de La Villette eine neue Form für heterogene Elemente her. Die Vorstellung besteht doch auch darin, Kulturgegenstände herzustellen, Monumente in gewisser Weise.
Ich versuche, das zu vermeiden. Wenn man im Parc de La Villette herumgeht, stellen Sie fest, daß man immer nur ein Stück wahrnimmt, ein Stück hier, ein anderes Stück dort und wieder ein anderes Stück dort. Man hat nie einen Gegenstand, und man hat nie eine Totalität. Zu einem sehr großen Teil bestand mein Versuch darin, die Vorstellung

von Totalitäten zu vermeiden, die Vorstellung von Synthese, die Vorstellung eines globalen Systems.
Aber Ihr Spielfeld ist ein globales System. Wenn man im Park umhergeht, wird man jeweils mit einem einzigen Monument konfrontiert.
Nein, weil es noch andere Dinge als das gibt. Es gibt die Gärten, es gibt Bewegung, und es gibt Lärm in dem System zu viel geschieht also. Und dann gibt es eine Überraschung. Und die Überraschung ist keine Überraschung, die ich organisiert hätte wie der englische Landschaftsarchitekt des 18. Jahrhunderts. Nein, es ereignet sich einfach. Wir wußten natürlich im voraus, was geschehen würde, aber nichtsdestoweniger war die Methode nicht Komposition, sie war etwas anderes, sie war eine Art Montage. Sie hatte eher etwas damit zu tun: Teile eines Films zusammenzukleben und sie dann mit anderen Bildteilen zu überlagern.
Ihre cinematographische Interpretation dessen, was Sie tun, ist, glaube ich, problematisch. Es hängt sehr davon ab, wie man umhergeht, wie man das, was sich im Park ereignet, betrachtet; und es unterscheidet sich sehr von der Situation im Kino, wo man sich auf einem Kinosessel befindet und die Filmleinwand hat.
Ich gebe Ihnen recht. Die Analogie mit dem Kino stimmt in Bezug auf die Methode, aber nicht in Bezug auf die Wahrnehmung. Was eine Person wahrnimmt, die durch den Park geht, wird keine Kinowahrnehmung sein. Wenn man einen Vergleich versuchen wollte, wäre es mehr der mit jemandem vor seinem Video-Monitor. Er kann den Knopf drücken, den Film beschleunigen und verlangsamen, das Bild anhalten und ähnliches. Das entspricht viel mehr dem Eindruck, den man beim Umhergehen erhält. Immer wenn ich das Kino als Parallele zu meiner Arbeit benutze, geht es um die Methode, um die Montage und nie — oder nur selten — um die Wahrnehmung mit dem Bild.
Sie zitieren irgendwo einmal Eisenstein und sein Konzept der Montage. Ich glaube, daß Eisensteins Montagebegriff nicht in Ihr — wie Sie es selber nennen — post-strukturales Konzept der Montage und der Dekonstruktion jeglicher Bedeutung paßt. Ich glaube, es ist Ihr Ziel, von jeder, wie Sie sagen, vorgefaßten Bedeutung wegzukommen, wohingegen Eisensteins Konzept der Montage auf den Gebrauch einer festgelegten Bedeutung abzielte. Wenn er eine Montage machte, war er auf eine festgelegte Bedeutung aus, einen definierten Vergleich.
Sie haben absolut recht. Und hier kommen wir in der Tat zu dem Problem der Bedeutung, wobei ich erst kürzlich die Sache etwas zugespitzt habe mit meiner Bemerkung, daß der Park keine Bedeutung habe, daß, mit anderen Worten, Bedeutung heutzutage unmöglich sei. Ich lehne

viele der sogenannten „postmodernen" Ansätze in der Architektur ab, die sich darum bemühen, der Architektur wieder Bedeutung zukommen zu lassen, weil ich glaube, daß es heutzutage zu viele mögliche Bedeutungen gibt, zu viele mögliche Interpretationen, und daß jede Interpretation die vorhergehende verneint. Man könnte hier Nietzsche zitieren, daß nämlich die „Welt" aus einer Unendlichkeit von Deutungen bestehe. Natürlich ist es richtig, daß Eisenstein etwas tat, was sich hiervon sehr unterscheidet. Einige der Aspekte der Montage finde ich jedoch immer noch sehr interessant, vielleicht nur deshalb, weil ich jede Komposition in der Architektur zu vermeiden versuche. Wir sind alle in Komposition ausgebildet worden, und sie ist ja auch wirklich ein ganz bemerkenswertes Werkzeug, das aber immer mit der Vorstellung einer Synthese verbunden ist. Ich versuche, von der Synthese wegzukommen, und benutze Analogien, es könnten auch mathematische sein — ich mag nun einmal das Kino.

Kann man sagen, daß Sie die theoretischen Vorstellungen des Poststrukturalismus auf die Architektur anwenden?

Ich würde es nicht so formulieren. Es gibt eine Menge Leute, die bestimmte Ideen in ihrem jeweiligen Gebiet oder Medium entwickeln. Wenn man schreibt, tut man nicht das gleiche wie jemand, der Filme macht oder Musik oder Architektur. Sehr oft gibt es Verbindungen, und ich glaube sehr an diese Vorstellung von Import/Export in der Welt der Ideen. Ich importiere Sachen von bestimmten Autoren, ich hoffe, daß ich auch bestimmte Sachen exportieren kann. Darum ging es mir, als ich in La Villette bestimmte Autoren und Philosophen einlud. Ich setzte einen Architekten mit einem Philosophen zusammen, um zu sehen, ob sich nun ein Import/Export ergeben würde. Es geht also nicht um den Versuch, direkt bestimmte Theorien oder Ideen anzuwenden, es handelt sich vielmehr um eine mühselige Angelegenheit des Übersetzens.

In Ihrem Text zu „La Case Vide" erkenne ich eine der zentralen Vorstellungen des zumindest linguistischen Poststrukturalismus wieder, daß nämlich ein Element in einer Struktur keine Bedeutung an sich hat, keine metaphysisch gegebene Bedeutung, sondern seine Bedeutung durch das Spiel der Differenz gewinnt. Deshalb würde ich doch sagen, daß es deutliche Bezugnahmen Ihres architekturtheoretischen Ansatzes auf bestimmte aktuelle philosophische Diskussionen gibt.

Ja, unbedingt.

Dieses Problem, bei dem es um, sagen wir, eine Transposition von philosophischen Vorstellungen in die Architektur geht, ist einer der interessantesten Punkte in der Architektur von heute, und das bringt

mich zurück zu dem Problem der Monumentalität. Das funktionalistische Credo war die Verbindung einer bestimmten Nutzung des Gebäudes mit der Form. Sie öffnen nun dieses Verhältnis und sagen, warten wir ab, was geschehen wird, wie diese folie *benutzt werden wird. Es ist, glaube ich, die hauptsächliche Eigenschaft eines wirklichen Monuments, daß es nicht festgelegt ist.*
Ich überlasse in gewisser Weise den Leuten den Akt der Bedeutungsgebung. Aber es ist schön, wenn das Monument dauernd die Bedeutung ändert. Ich versuche nicht, den Wettstreit der Bedeutungen zu vermeiden. Ich sage, daß die Bedeutungen, die ihnen gegeben werden, nicht mir gehören, sondern den Benutzern. Ich gebe Ihnen ein extremes Beispiel. Und zwar entwarf ich eine dieser *folies*, und weil man mir das Programm eines Restaurants gab, entwarf ich es so, daß es sich für ein Restaurant eignete. Genau zwei Wochen, bevor die Pläne der Ausführungsfirma übergeben werden sollten, sagte der Bauherr: ,,Stop, stop, wir wollen kein Restaurant mehr, wir wollen ein Spielzentrum. Verändern Sie aber bitte nicht den Entwurf, wir haben keine Zeit dafür. Ändern Sie bitte nur die Detailplanung, die Materialien usw." Nach der Änderung der Detailpläne soll nun alles übergeben werden, die Ausführungsfirma wird ausgewählt, ein Vertrag wird geschlossen, und als gerade mit dem Bauen begonnen werden soll, sagt der Bauherr: ,,Stop, stop, wir wollen eine Werkstatt für Malerei und Bildhauerei, bitte ändert alles entsprechend." Ich finde das alles nicht nur amüsant, sondern vor allem charakteristisch für den Zustand, in dem sich unsere Gesellschaft befindet. Als Architekt ist man oft in der Situation, einem Objekt eine Form zu geben, etwas einzufrieren, etwas für eine Nutzung zu planen, das dann gar nicht seiner ursprünglichen Bestimmung zugeführt wird, und alles ist trotzdem in bester Ordnung. Viele Leute sagten, das Programm, die Funktion sei der Ursprung der Architektur, und Sie begreifen nun, daß das nicht wahr ist.
Es scheint, als wollten Sie auf der Ebene der Architektur beitragen zur Dekonstruktion der Bedeutung?
Dekonstruktion, unbedingt. Hauptsächlich, wenn man bedenkt, daß die Architektur keine festgelegten Bedeutungen vermitteln kann.
Sie wollen, wenn ich Sie recht verstehe, keine festgelegten Funktionen schaffen?
Ich will keine festgelegten Beziehungen zwischen Architektur und Funktion schaffen. Darum geht es, verstehen Sie. Die Funktion steht nicht in meiner Macht, sie steht in der Macht des Benutzers ...
Ich würde gerne die Frage stellen, wie ,,poetisch" Ihre Vorgehensweise ist, wenn Sie Bedeutung dekonstruieren wollen. Ich gebe Ihnen hierzu

ein Zitat von einem amerikanischen Linguisten, das sich zwar auf die poetische Sprache bezieht, aber doch auch auf Architektur anwendbar ist. Er sagt: ,,Da die Sprechakte der Literatur nicht das Geschäft der Welt betreiben, kann der Leser ihnen seine Aufmerksamkeit in nichtpragmatischer Weise zuwenden."
Wenn man die Dekonstruktion feststehender architektonischer Bedeutungen im linguistischen Sinne als Entpragmatisierung auffaßt, so stellt sich die Frage: Betreibt Ihre Architektur im Parc de La Villette das ,,Geschäft der Welt"?
Sehen Sie, ich habe auch immer gesagt, daß es mehrere Möglichkeiten gibt, wie sich das Programm und die Räume zueinander verhalten. Sie können sich bestärken, so daß alles vollkommen und schön funktioniert und ineinandergreift, wissen Sie, wie in der ,,Wohnküche", wo alles in gewisser Weise perfekt arrangiert ist, so daß jeder den richtigen Gegenstand am richtigen Platz findet, wo es also eine direkte Beziehung zwischen der Funktion und der Architektur gibt. Oder nehmen Sie eine Raumkapsel, die zum Mond fliegt und in der alles eine direkte, funktionale Beziehung zueinander hat. Das ist also eine Möglichkeit. Die andere wäre der bis auf die Spitze getriebene flexible Raum, ein großer Schuppen oder was auch immer. Ich nenne diese Variante auch Indifferenz, weil eben alles möglich ist. Und die dritte Möglichkeit wäre ein widersprüchliches Verhältnis zwischen Architektur und Funktion. Ein solcher Widerspruch entstünde zum Beispiel, wenn Boris Becker und Ivan Lendl in der Sixtinischen Kapelle spielen würden, verstehen Sie, das würde einfach nicht gehen. Okay, es könnte jedoch ein interessantes Spiel ergeben, es gibt nur keinen moralischen Standort mehr, von dem aus man sagen könnte, daß eine Beziehung besser als die anderen sei; es gibt sie alle, und man benutzt sie alle. Einige der Gebäude in La Villette sind im Augenblick sehr funktional, verstehen Sie, im Hinblick darauf, wie sie bislang benutzt worden sind. Aber wenn sich die Art der Nutzung ändert, wird es vollkommen widersprüchlich sein, möglicherweise auch interessanter, möglicherweise ein besseres Gebäude und ein besseres Stück Architektur.
Lassen Sie mich auf die Architektur zurückkommen. Einige Kritiker beschreiben Ihre Architektur als postsowjetischen Konstruktivismus. Knüpfen Sie bewußt an diese Tradition an?
Wenn die Gebäude weiß oder beige gewesen wären, hätten dann die Leute das gesagt? Wenn sie aus roten Ziegelsteinen gebaut worden wären, hätten dann die Leute das gesagt? In der Tat berühre ich bestimmte Dinge, die beim Bauhaus eine Rolle spielten und auch bei den Konstruktivisten, das ist klar. Aber ich versuche keine stilistische Wieder-

belebung. Ich handle nicht aus einem stilistischen Motiv. Es handelt sich in keiner Weise um einen Kommentar zum Konstruktivismus, es ist auch keine Parodie, es ist keine Wiederbelebung, nichts dergleichen, es ist einfach eine bestimmte, sagen wir, Strategie.

Bernard Tschumi: Parc de La Villette, Paris, endgültiger Entwurf 1985, im Bau, Foto: G. Kähler

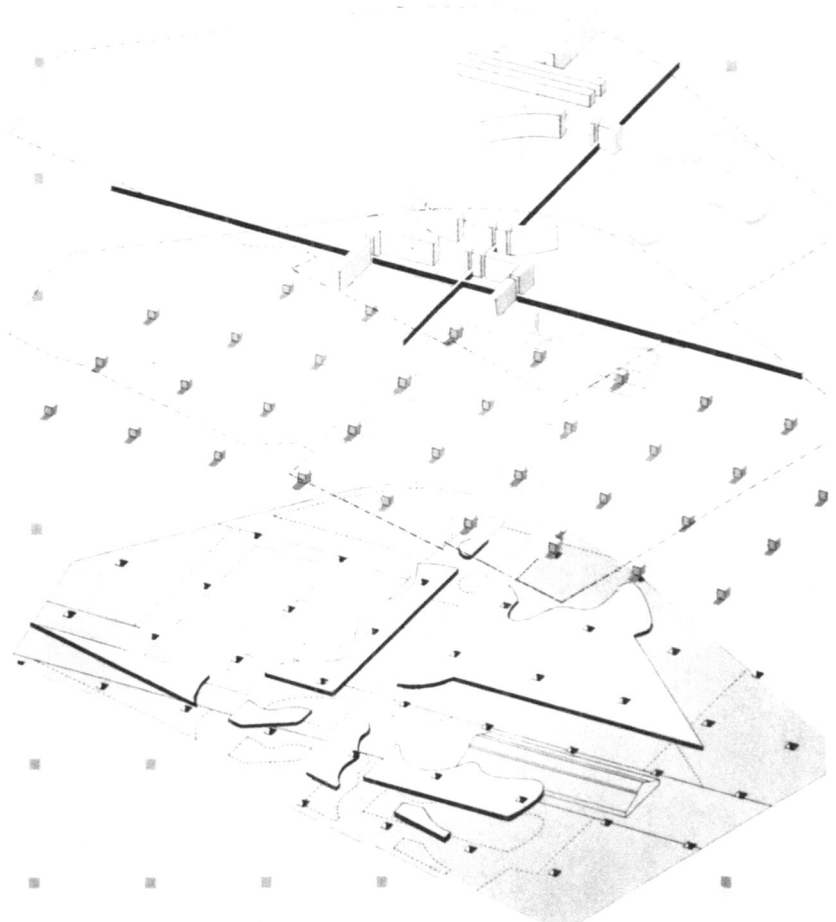

Strukturelemente der Gesamtanlage

Zustand 1989, Foto: G. Kähler

Variation N 5, Isometrie

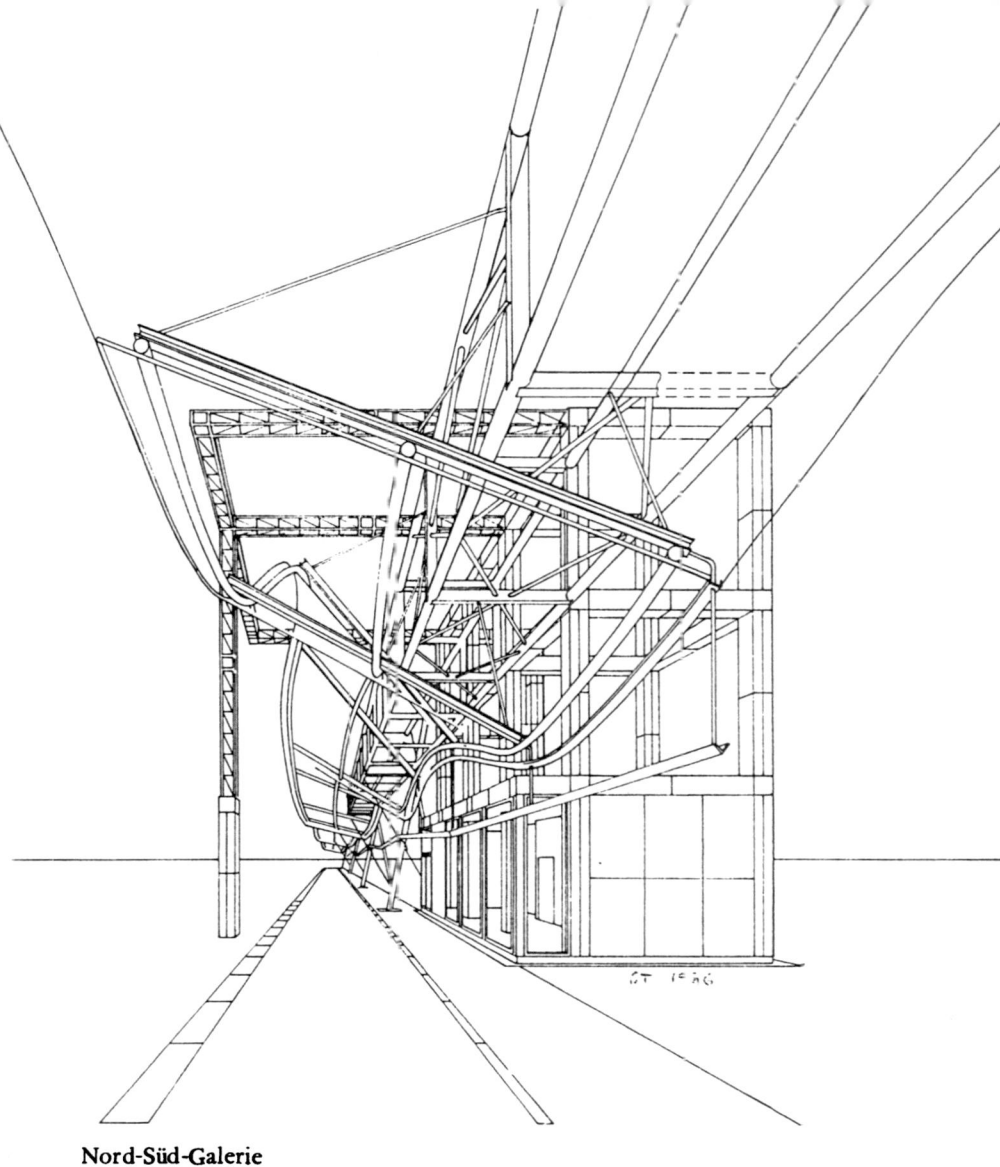

Nord-Süd-Galerie

Ansicht eines „Punktes", Foto: G. Kähler

Forum des Sandes

Peter Wilson

Berlin 1988

Es ist meine feste Überzeugung, daß eine wirklich zeitgemäße Überlegung zur Stadt Strategien für „diskontinuierlichen Raum" entwickeln muß, einen Raum, der nicht durch das kontrolliert wird, was Paul Virilio „die großen Erzählungen theoretischer Kausalität, sondern stattdessen die kleinen Geschichten praktischer Gelegenheiten" nennt. Bei diesem Projekt haben wir von den vorgefundenen Regeln des Kontextes profitiert (wenn auch nicht in historistischer Weise), und durch Entwicklungen der physischen und der konzeptuellen Annäherung haben wir zwei neue Bautypen entwickelt, um die Kante, nicht aber das Zentrum des neuen „Forum des Sandes" zu vervollständigen. Der Sand, der Boden, auf dem Berlin gebaut ist, wird hier respektiert; ein formalisiertes Feld, ein Raum, dessen wahre Qualität seine Leere ist.
Für Städte wie für primitive Volksstämme sind Artefakte notwendig, um ihren Träumen einen Ort zu geben. Die beiden zusätzlichen Artefakte sind hier eine Brücke (vorgefunden und hierher umgesetzt) und ein Schiff (teilweise rekonstruiert).
Die Brücke muß vom Wedding hertransportiert werden, wo sie in „gefrorenem Zusammenstoß" mit der Mauer erstarrt ist. Ihre neue Funktion ist die eines öffentlichen Raumes, einer Promenade. Sie ist nicht länger ein Verkehrselement, sie ist selbst ein Ereignis.
Das Schiff ist die „Havel" oder die „Spree", Schnelldampfer, die um 1900 Auswanderer in die Neue Welt brachten. Es ist hier umgedreht und nicht genau rekonstruiert. Anstelle der gestapelten Reihen von Kabinen werden die Fahrzeuge heutiger Mikro-Ortsveränderung (Autos) in vier mechanisch betriebenen Parktürmen untergebracht. Mit dem „Gesicht" zum Sand steht der fünfte Turm, eine Erweiterung von Scharouns Bücherei: eine Bücherei der Vorstellungsbilder von Berlin.

Übersetzung: Gert Kähler

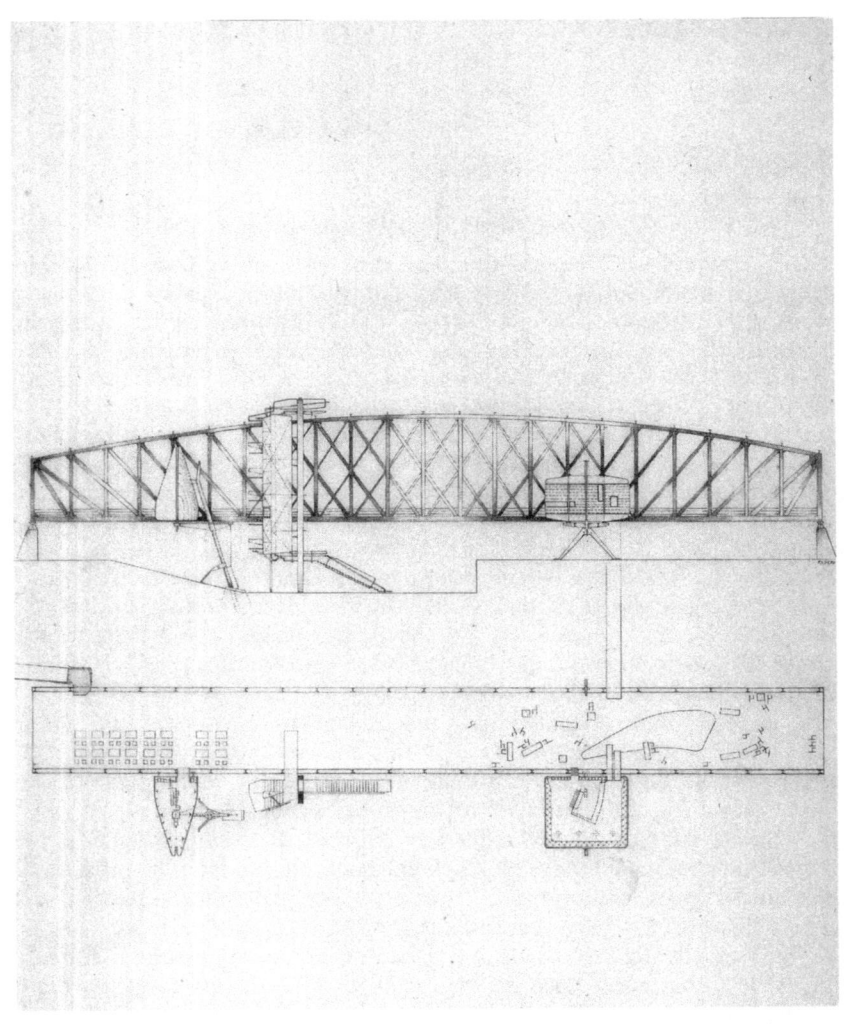

Architekten Bolles & Wilson: Forum des Sandes, Berlin 1988, Brücke als öffentlicher Raum, Grundriß, Ansicht

Phenning-Brücke, Berlin

Detail der Brücke

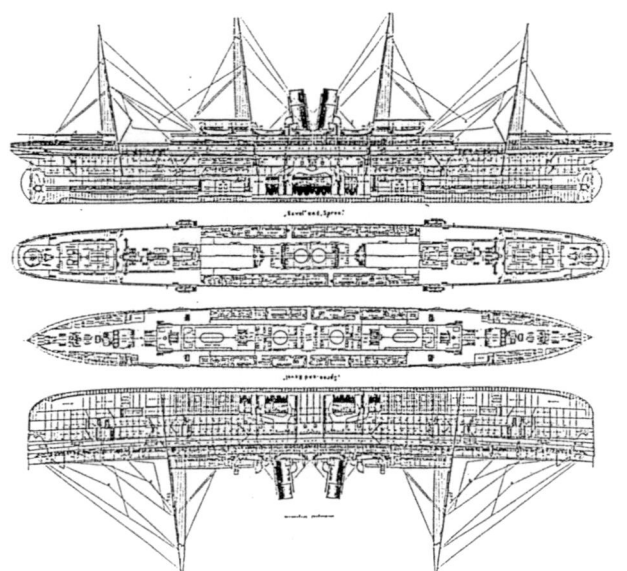

Schnelldampfer „Havel" und „Spree"

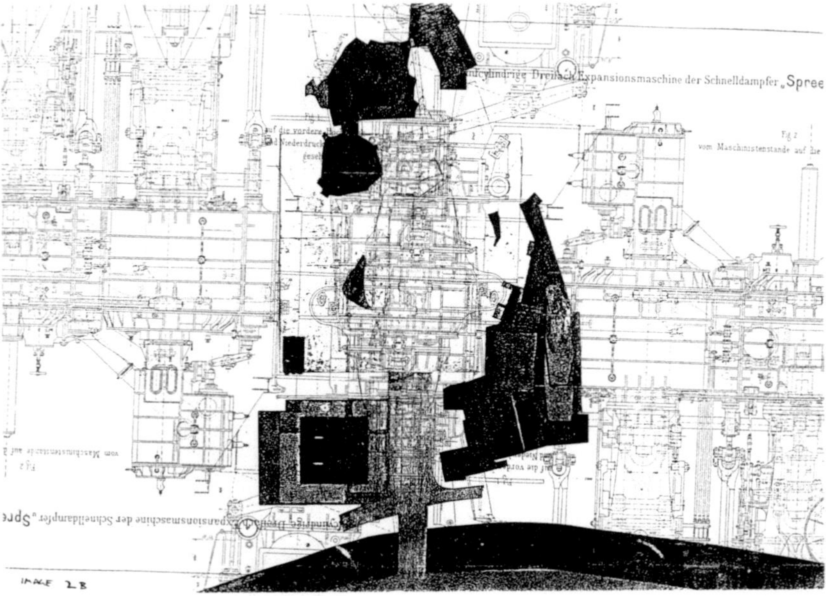

Die Expansionsmaschine in der Stadt

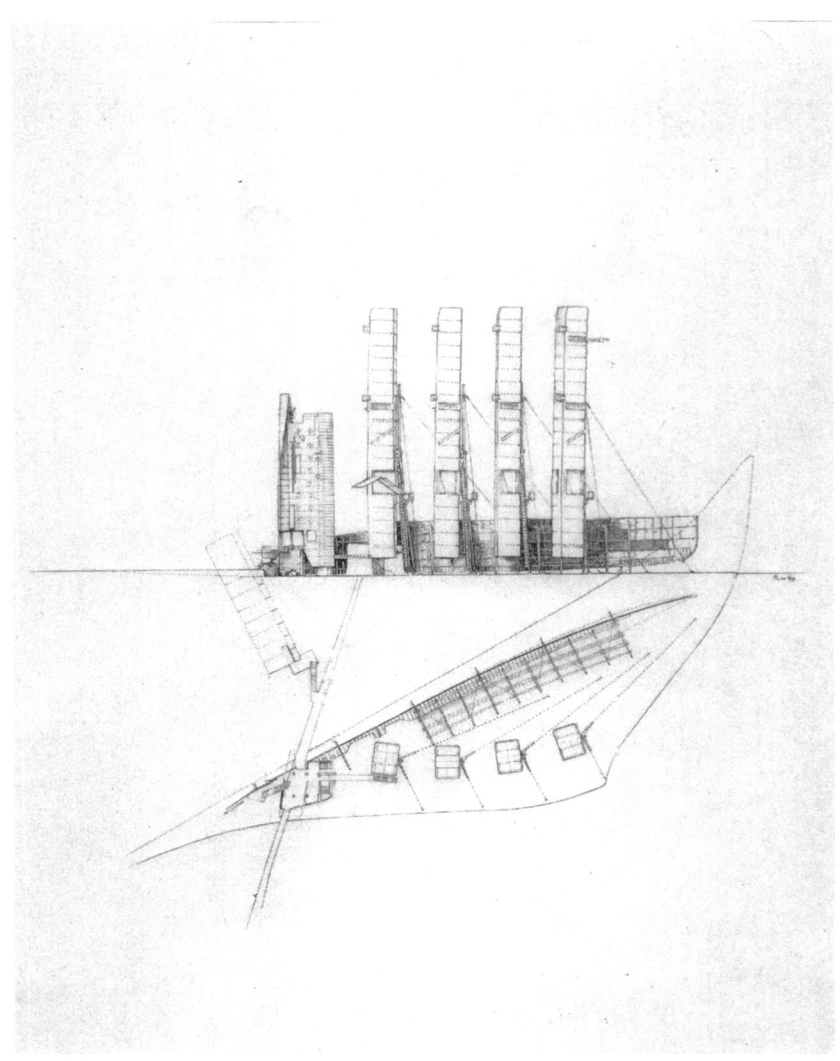

Die Insel der Autos, Grundriß, Ansicht

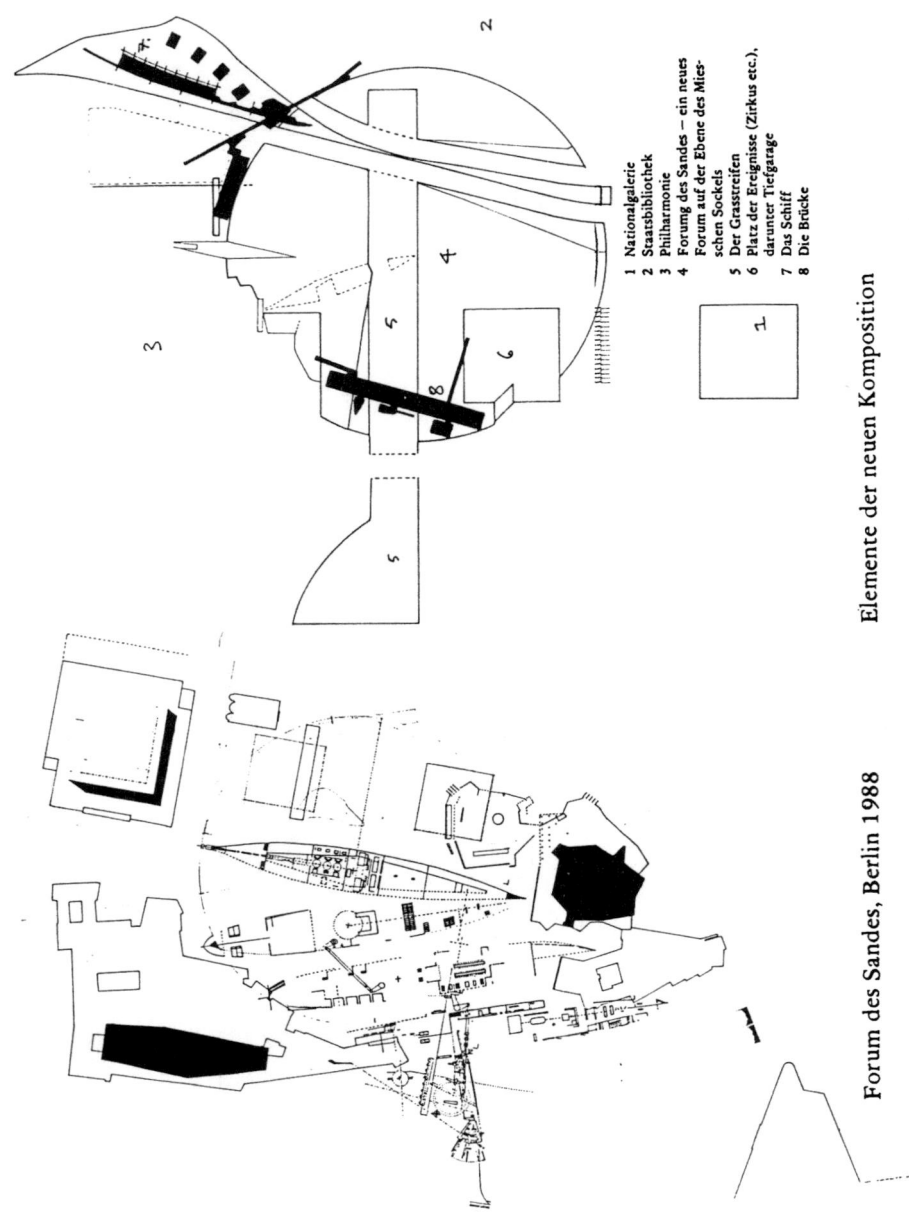

Forum des Sandes, Berlin 1988

Elemente der neuen Komposition

1 Nationalgalerie
2 Staatsbibliothek
3 Philharmonie
4 Forum des Sandes – ein neues Forum auf der Ebene des Miesschen Sockels
5 Der Grasstreifen
6 Platz der Ereignisse (Zirkus etc.), darunter Tiefgarage
7 Das Schiff
8 Die Brücke

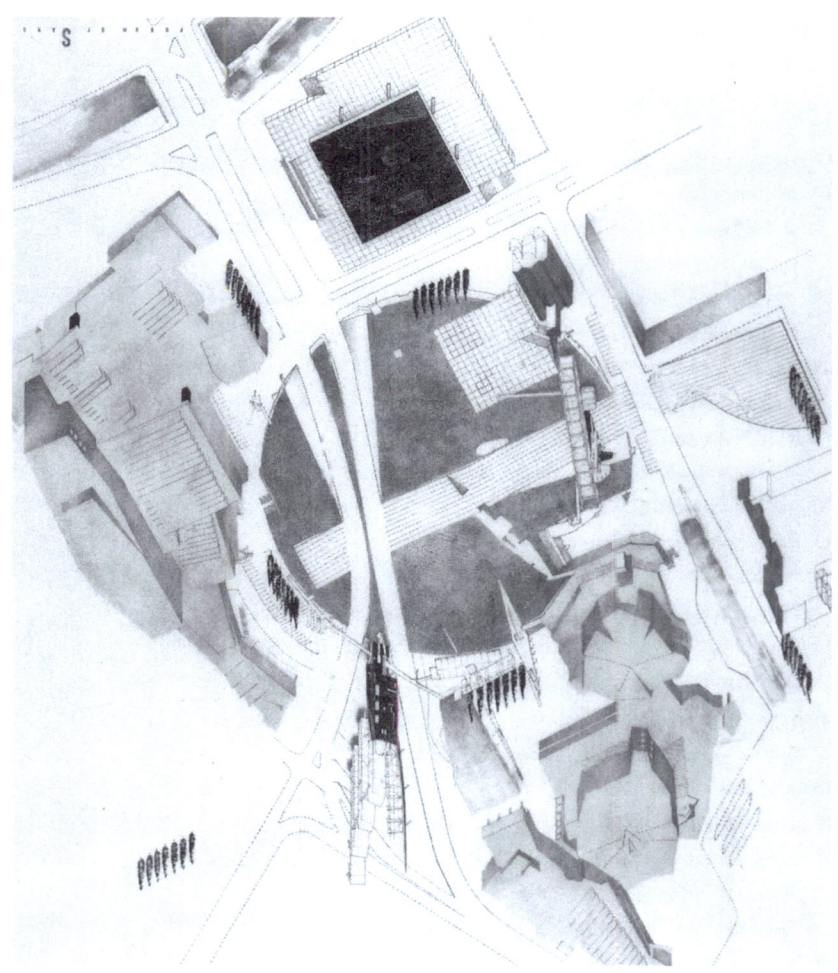

Gesamtprojekt

Bauwelt Fundamente

1 Ulrich Conrads (Hrsg.), Programme und Manifeste zur Architektur des 20. Jahrhunderts
2 Le Corbusier, 1922 – Ausblick auf eine Architektur
3 Werner Hegemann, 1930 – Das steinerne Berlin
4 Jane Jacobs, Tod und Leben großer amerikanischer Städte*
5 Sherman Paul, Louis H. Sullivan*
6 L. Hilberseimer, Entfaltung einer Planungsidee*
7 H. L. C. Jaffé, De Stijl 1917–1931*
8 Bruno Taut, Frühlicht 1920–1922*
9 Jürgen Pahl, Die Stadt im Aufbruch der perspektivischen Welt*
10 Adolf Behne, 1923 – Der moderne Zweckbau*
11 Julius Posener, Anfänge des Funktionalismus*
12 Le Corbusier, 1929 – Feststellungen
13 Hermann Mattern, Gras darf nicht mehr wachsen*
14 El Lissitzky, 1929 – Rußland: Architektur für eine Weltrevolution
15 Christian Norberg-Schulz, Logik der Baukunst
16 Kevin Lynch, Das Bild der Stadt
17 Günter Günschel, Große Konstrukteure 1*
18 nicht erschienen
19 Anna Teut, Architektur im Dritten Reich 1933–1945*
20 Erich Schild, Zwischen Glaspalast und Palais des Illusions
21 Ebenezer Howard, Gartenstädte von morgen*
22 Cornelius Gurlitt, Zur Befreiung der Baukunst*
23 James M. Fitch, Vier Jahrhunderte Bauen in USA*
24 Felix Schwarz und Frank Gloor (Hrsg.), „Die Form" – Stimme des Deutschen Werkbundes 1925–1934
25 Frank Lloyd Wright, Humane Architektur*
26 Herbert J. Gans, Die Levittowner. Soziographie einer »Schlafstadt«*
27 Günter Hillmann (Hrsg.), Engels: Über die Umwelt der arbeitenden Klasse*
28 Philippe Boudon, Die Siedlung Pessac – 40 Jahre*
29 Leonardo Benevolo, Die sozialen Ursprünge des modernen Städtebaus*
30 Erving Goffman, Verhalten in sozialen Strukturen*

31 John V. Lindsay, Städte brauchen mehr als Geld*
32 Mechthild Schumpp, Stadtbau-Utopien und Gesellschaft*
33 Renato De Fusco, Architektur als Massenmedium*
34 Gerhard Fehl, Mark Fester und Nikolaus Kuhnert (Hrsg.), Planung und Information*
35 David V. Canter (Hrsg.), Architekturpsychologie
36 John K. Friend und W. Neil Jessop (Hrsg.), Entscheidungsstrategie in Stadtplanung und Verwaltung
37 Josef Esser, Frieder Naschold und Werner Väth (Hrsg.), Gesellschaftsplanung in kapitalistischen und sozialistischen Systemen*
38 Rolf-Richard Grauhan (Hrsg.), Großstadt-Politik*
39 Alexander Tzonis, Das verbaute Leben
40 Bernd Hamm, Betrifft: Nachbarschaft
41 Aldo Rossi, Die Architektur der Stadt*
42 Alexander Schwab, Das Buch vom Bauen
43 Michael Trieb, Stadtgestaltung*
44 Martina Schneider (Hrsg.), Information über Gestalt
45 Jörn Barnbrock, Materialien zur Ökonomie der Stadtplanung*
46 Gerd Albers, Entwicklungslinien im Städtebau*
47 Werner Durth, Die Inszenierung der Alltagswelt
48 Thilo Hilpert, Die Funktionelle Stadt*
49 Fritz Schumacher (Hrsg.), Lesebuch für Baumeister*
50 Robert Venturi, Komplexität und Widerspruch in der Architektur
51 Rudolf Schwarz, Wegweisung der Technik und andere Schriften zum Neuen Bauen 1926–1961
52 Gerald R. Blomeyer und Barbara Tietze, In Opposition zur Moderne*
53 Robert Venturi, Denise Scott Brown und Steven Izenour, Lernen von Las Vegas
54/55 Julius Posener, Aufsätze und Vorträge 1931–1980
56 Thilo Hilpert (Hrsg.), Le Corbusiers „Charta von Athen". Texte und Dokumente. Kritische Neuausgabe
57 Max Onsell, Ausdruck und Wirklichkeit
58 Heinz Quitzsch, Gottfried Semper – Praktische Ästhetik und politischer Kampf
59 Gert Kähler, Architektur als Symbolverfall
60 Bernard Stoloff, Die Affaire Ledoux
61 Heinrich Tessenow, Geschriebenes
62 Giorgio Piccinato, Die Entstehung des Städtebaus
63 John Summerson, Die klassische Sprache der Architektur*

64 F. Fischer, L. Fromm, R. Gruber, G. Kähler und K.-D. Weiß, Abschied von der Postmoderne

65 William Hubbard, Architektur und Konvention

66 Philippe Panerai, Jean Castex und Jean-Charles Depaule, Vom Block zur Zeile

67 Gilles Barbey, WohnHaft

68 Christoph Hackelsberger, Plädoyer für eine Befreiung des Wohnens aus den Zwängen sinnloser Perfektion

69 Giulio Carlo Argan, Gropius und das Bauhaus*

70 Henry-Russell Hitchcock und Philip Johnson, Der Internationale Stil – 1932

71 Lars Lerup, Das Unfertige bauen

72 Alexander Tzonis und Liane Lefaivre, Das Klassische in der Architektur

73 Elisabeth Blum, Le Corbusiers Wege

74 Walter Schönwandt, Denkfallen beim Planen

75 Robert Seitz und Heinz Zucker (Hrsg.), Um uns die Stadt

76 Walter Ehlers, Gernot Feldhusen und Carl Steckeweh (Hrsg.), CAD: Architektur automatisch?

77 Jan Turnovský, Die Poetik eines Mauervorsprungs

78 Dieter Hoffmann-Axthelm, Wie kommt die Geschichte ins Entwerfen?

79 Christoph Hackelsberger, Beton: Stein der Weisen?

80 Georg Dehio und Alois Riegl, Konservieren, nicht restaurieren, Herausgegeben von Marion Wohlleben und Georg Mörsch

81 Stefan Polónyi, . . . mit zaghafter Konsequenz

82 Klaus Jan Philipp (Hrsg.), Revolutionsarchitektur

83 Christoph Feldtkeller, Der architektonische Raum: eine Fiktion

84 Wilhelm Kücker, Die verlorene Unschuld der Architektur

85 Ueli Pfammatter, Moderne und Macht

86 Christian Kühn, Das Schöne, das Wahre und das Richtige

87 Georges Teyssot, Die Krankheit des Domizils

88 Leopold Ziegler, Florentinische Introduktion

89 Reyner Banham, Theorie und Gestaltung im Ersten Maschinenzeitalter

90 Gert Kähler (Hrsg.), Dekonstruktion? Dekonstruktivismus?

91 Christoph Hackelsberger, Hundert Jahre deutsche Wohnmisere – und kein Ende?

92 Adolf Max Vogt, Russische und französische Revolutionsarchitektur 1917 · 1789

---

*vergriffen

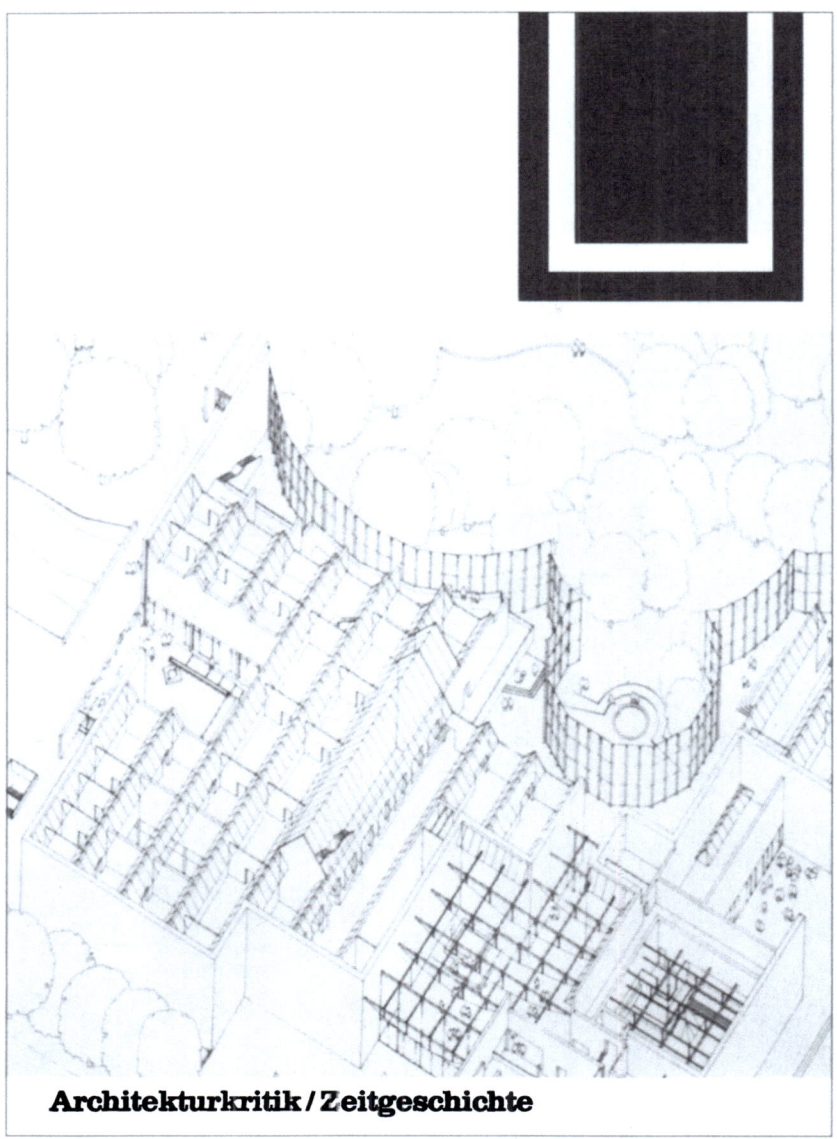

Architekturkritik / Zeitgeschichte

Band 84 der Bauwelt Fundamente.
1989. 135 Seiten mit zahlreichen Abbildungen

ARCHITEKTUR ■ BEI VIEWEG

Band 89 der Bauwelt Fundamente.
1990. 297 Seiten mit 35 Abbildungen

ARCHITEKTUR ■ **BEI VIEWEG**

Bei Fragen zur Produktsicherheit wenden Sie sich bitte an:
If you have any questions regarding product safety,
please contact:

Birkhäuser Verlag GmbH
Im Westfeld 8
4055 Basel, Schweiz
productsafety@degruyterbrill.com